"文革" 故事

STORIES OF THE "CULTURAL REVOLUTION"

作 者

聶本立 王德勇

文史哲出版社印行

國家圖書館出版品預行編目資料

「文革」故事 / 聶本立，王德勇著, -- 初版. --
臺北市：文史哲, 民 96
面： 公分. --（文學叢刊；188）
ISBN 978-957-549-719-4 (平裝)

857.6   96007902

文 學 叢 刊 188

「文 革」故 事

著　　者：聶　本　立　·　王　德　勇
出 版 者：文　史　哲　出　版　社
http://www.lapen.com.tw
登記證字號：行政院新聞局版臺業字五三三七號
發 行 人：彭　　　正　　　雄
發 行 所：文　史　哲　出　版　社
印 刷 者：文　史　哲　出　版　社
臺北市羅斯福路一段七十二巷四號
郵 政 劃 撥 帳 號：一六一八〇一七五
話 886-2-23511028　傳真 886-2-23965656

實價新臺幣二〇〇元

中華民國九十六年（2007）五月初版

"文革" 故事

目　　錄

2 "文革"故事

序　言
Foreword

For much of the past half century, many people in the Western world saw China as a distant, backward, and mysterious land. Images of wars, political upheavals, famines and human sufferings periodically flashed across television screens and printed pages. Those images helped to shape and reinforce an impression of a country of poverty, backwardness, and corruption. The images also have puzzled many: How could a great civilization and its industrious and intelligent people sunk into such a dark abyss?

In recent years, when millions of foreigners come to China as tourists, they are surprised by what they see: The China they see appears to be contrary to the stereotype in many ways. The country is obviously prosperous, its economy is robust, and most of its people seem happy and optimistic about their future. What has happened? How could the same people who have suffered from perennial poverty and misfortune manage to achieve such a dramatic turnaround? For many Chinese who have lived through those tumultuous decades, the answer is simple. They know their new found prosperity is a result of the relatively peaceful period they have enjoyed in the last two decades. For the first time, there has been no new major government-initiated political movement that threatens to tear their society apart, as they did in the past. To many Chinese who are old enough to remember, it is like to wake up from a long, seemingly never ending bad dream.

One of the most enduring images of China during the infamous Cultural Revolution decade, which started in 1966, was the reign of terror spearheaded by the Red Guards. The mass movement was unleashed by Mao Zedong in order to reshape the Chinese society and to destroy his political enemies. Day after day, television in the outside world showed images of millions of propaganda slogan-shouting, red-book waving teenagers and college students mobbing the streets and institutions of China. They closed down the schools, destroyed cultural treasures and anything they deemed to be old, traditional or anti-revolutionary. They put officials, teachers and professionals to public humiliation on made up charges. Even their own parents and siblings were often not spared. Many of the victims committed suicide just to end their misery. Social order had disintegrated.

Families and marriage relationships were broken up. Western viewers watched all these public display of anarchy and brutality in shock and disbelief. Did Mao and the Chinese people become totally insane?

The stories told by Deyong and Benli in this book offer the readers an up close take of the lives of The Lost Generation during the Cultural Revolution decade. Unlike the many books published in recent years about the political background and inside stories about the major players in the Revolution, these are basically true stories of common people struggling to survive during that period. The setting of the first story ("Awakening") was at the early stage of the Cultural Revolution when widely spread reign of terror was at its peak. The characters suddenly find themselves living in a surrealistic world where all the rules are repealed and the normal trust and loyalty between people have disappeared. Total breakdown of old social order and trust creates opportunities for ambitious and opportunistic people. They maneuver to form new alliances, to gain personal advantages and to settle old scores. However, most of the common people find themselves trapped in lives of constant fear and uncertainty about their future. To survive the day, they have to maneuver themselves constantly to escape charges of guilt by association and the political accusations and attacks made by the others. They know the consequence of losing in this game is unthinkable - even possibly fatal. It is a raw Darwinian struggle.

The setting of second story ("Moving of the Silly Girl") was few years later when the zeal of the revolution had abated somewhat, but struggles and political maneuvering continued. Those in power tried hard to keep and maximize their gains. The honest, hard-working common folks like the main character continued to suffer from injustice and unfair treatment under the new order. The background of the third story ("The Frustrations and Joy of the Screw") was at the last stage of the period, when the Revolution began to run out of steam. Slowly and gradually, reason returned. Some of the extreme policies are now being reversed or ignored, yet the bureaucracy is still well entrenched. People continued to pay lip service to the government slogans as they explored the new opportunities.

The characters in these stories are teachers, party cadres and their villager relatives. They are not famous or important people. They have no power, nor do they pose as any real threat to anyone, yet they are still engulfed by the turmoil trickle down from Beijing. Yet in their suffering, like all human beings, they still have their human needs, fears, and dreams. They live in fear and a world that they don't fully understand, they still need the touch of love and care of other human beings, even at a time when people are fearful to express their true human feelings. To the characters, the occasional expressions of love they receive from others are what they need most in these dark days, which sustain them and to encourage them to live on.

I come to know Deyong and Benli at Twin City Chinese Christian Church in Minnesota. I always find them to be friendly and sincere people. After knowing them a little better, I am also deeply impressed by their faith. They tell me how precious God and His love is in guiding them through their life's trials and tribulations. People who committed crimes during the Cultural Revolutions are not special evil kind. They are just common people. As humans, we all have the same potential to act like them, giving the circumstances and opportunities. Only God's love can change people's dark nature. Only love can conquer evil and to terminate the cycle of violence.

I have visited China many times in the past 20 years and have talked with many people, including my cousins and other relatives, who have lived and suffered greatly during the Cultural Revolution. Most of them don't want to talk about their personal suffering during the period, but they all express the hope that the tragedy will never repeat itself again. I can understand the reluctance of those who lived through the reign of terror to talk about their own traumatic experience. It would be like to re-open old wounds and to re-live the nightmares all over again. These are members of the Lost Generation of China, the living witnesses of an unprecedented national tragedy. I hope the stories in this book can give us a deeper understanding of human nature and a greater appreciation of love and human rights in a civil society. These stories are historical testimonies, which must be told and to be heard by this and the future generations.

As the first-century Roman statesman Cicero wrote: "History is the witness that testifies to the passing of time; it illumines reality, vitalizes memory, provide guidance in daily life." As individuals or nations, we can all benefit from the lessons learned from studying the past so that we won't be condemned to repeat the same mistakes again. A nation that ignores its own history has neither a past nor a future.

Robert T. Tang

Minneapolis, Minnesota, USA

我和母亲（代序）

　　那已是十二年前的事了。火葬场要改建，我须回国，为妈妈迁坟。我捧着妈妈的骨灰坛子，走在火葬场的小路上。秋风吹动路边瘦长的野草，透露出一股凄凉的秋意。我打了个冷战，继续寻找妈妈的新坟。新坟在一块向阳地上，墓碑已经立好，碑前也筑好了放骨灰坛子的砖坑。我把骨灰坛子放进坑内，从不同方向，给妈妈的新坟照了几张像。接着又继续审视这块墓碑：正上方中间，是妈妈的遗像。左下方是我、丈夫、三个孩子，我们一家人的名字。看着墓碑上三个孩子的名字，他们长成后，戴方帽子的影像前后出现在我脑海里。想到母亲因本身未曾受过很好的教育，晚年把希望全寄托在儿、孙身上，把退休后的金钱与精力都花费在养育儿孙，让他们健康成长上。我心中暗暗祝祷："妈妈！您的遗愿实现啦！让我代孩子们说一声：安息吧，您的在天之灵"！

　　回到家，面对妈妈的遗像，她的一生经历，像电影一样，在我脑海涌现。

　　抗日战争时期，我的父母结婚了。婚前的打算是：新郎"带"新娘到他正在工作的南京去上大学。但和我们平日常见的情况一样，婚姻的果实并非相互学习，共同提高，而是生儿养女。一年以后，我出生了。一个父母并没准备好要养育的孩子，一个日后怨恨父母为什么要把她带到世上来的孩子，出生啦。怀孩子和生孩子，阻碍了我母亲求学计划的实现。

父亲原本是南京导弹研究部门的研究人员，改派到兵工厂任工程师后，才把我和母亲接去同住。当时正值日本入侵中国，工厂不断遭轰炸。母亲在一次躲避轰炸的路途上摔了跤，结果是流产了一个已成形的男婴。且因保健知识的缺乏，得了严重的妇女病。这一段不成功的家庭生活，让这一对年轻夫妇再一次选择分离：父亲去重庆，以求发展。母亲带着我，又回到外祖父身边。

这一段短暂的家庭生活，没给我留下任何记忆。只从母亲的叙述中知道：我是在这个小城市，学会了走路。而且有过一次，在防空洞里被压在别人身子下面，却并没受伤的经历。在重男轻女意识相当强烈的社会背景下，男孩偏偏流产，我这个女儿偏偏活下来啦。真是人算不如天算啊！

此后，父亲赴美留学。母亲带着我，跟随外祖父一家逃难。直到日本投降才回到家乡。

八年抗战结束，随后是三年国内战争。在这期间，父亲为参加国家建设，并与家人团聚，由美返国。抗战胜利、父亲返国，本应家庭能得团聚。但在当时特定的社会历史条件下，却落了个子散妻离的下场。原因究竟是什么，当时才十二岁的我，是不明白的。

　　由于母亲倾向共产党，解放后由省委组织部介绍到卫生厅工作。但她因家庭生活得不到妥善解决，心情苦闷，并未加入共产党。

　　我则由九岁开始了住校读书的学生生活。1953年"三反"以后，有亲戚动员我揭发母亲的"经济问题"，而母亲却向我哭诉自己自幼丧母，变卖了全部首饰用于助夫留学，却得到了一个以离婚告终的悲苦遭遇。我实在是不知如何面对和处理这复杂的家庭社会关系，便"逃离"家乡到北京上学。

　　五十年代，是十分重视家庭社会背景的年代。由于我对因父母离婚所造成的家庭问题采取回避态度，自然被看作落后分子。并对我的婚姻、恋爱关系，以至日后的工作，先后曾造成一系列困扰。正因如此，我写过一首感叹自己命运的词，现录如下：

菩萨蛮

　　生于忧患，长于动乱，名为本立，因有是作。

　天涯海角无限路，萍踪浪迹知何处？总是不生根，锡名何太珍！

　风雨波涛激，菡萏危危立，莲瓣逐洪流，结子满枝头。

　　本立二字来自"论语"："孝悌也者，其谓仁之本与？本立而道生"。我名谓本立，却家庭离散，两个弟弟均未见天日，就因躲避空袭而死于母腹，以名求实，真是南辕北辙。

　　直到1972年，我的小家庭在河北团聚，母亲退休后来和我们同住，我们才有了完整的家。母亲把未曾实现的相夫教子的愿望，寄托在儿孙身上。孙辈倒不负她的厚望，所以当我们全家再一次迁回家乡时，赶上我母亲的七十岁生辰，有朋友送来了一首贺寿诗。诗曰：

　　　　七十年华未足奇，
　　　　只因古稀今不稀。
　　　　剑影霞光昭日月，
　　　　奇花丽卉满新枝。
　　　　平凡自有高深处，
　　　　不爱绫罗爱布衣。
　　　　待到百岁开筵日，
　　　　再写千秋不老诗。

　　诗中赞赏的"奇花丽卉"，是指妈妈曾经抚育过的三个孙儿。虽是过誉之词，但对曾为他们的成长花费过十三年心力的母亲来说，却不失为心灵的安慰 。

　　2007年，妈妈的七十早过去了，我的七十将到了。生日又称"母难日"，由于妈妈是从"文革"后期才与我们共同生活的，遂将所整理的故事中，反应"文革"的几篇编印成集付印，用以表示对母亲和我们过去的怀念，并与亲友沟通。"文革"时期，虽然社会不安定，但周围的世界并非一片漆黑，人世间的爱与关怀，仍然存于生活之中。如"觉醒"中给产妇送奶粉的小华，给专政队关押人员传递消息的红卫兵，专政队关押人员间相互的关怀与鼓励；"傻帽儿搬家记"中给远方子女寄钱寄物的父母，给女教师送鱼的学生，帮忙买米的大队干部，以及为傻冒儿调离出主意的管校代表；"螺丝钉的喜悦和烦恼"中尽心尽责教育儿孙的爷爷、奶奶，无不体现着爱在人间。这种看待"文革"的角度，或可为海内外的"文革学"，添寸砖片瓦。

聂本立

2007元月

于 SAINT　PAUL

12 "文革"故事

觉 醒

Awakening

14 "文革"故事

　　开展"文化大革命"有一段时间了，运动仍在各级党组织领导下进行。1966年八月，毛泽东视察大江南北返回北京以后，发表了题为"炮打司令部"的大字报。随之，中共中央发布了俗称"十六条"的"关于无产阶级文化大革命的决定"。根据"十六条"第九条的规定，已经停课闹革命的学校，分别选举了各级"文化革命小组"或"文化革命委员会"。

　　T市师院中文系的"文化革命小组"，由原总支书记唐文彬、总支副书记田为民和青年教师代表王勇三人组成。唐文彬任组长，田为民、王勇任副组长作唐的副手。为便于领导运动，唐文彬从家里搬到原总支书记办公室，现在的"文化革命小组"办公室居住。

　　运动初期，特别是在反击率先造反的中二战斗组，抓它的幕后黑手时，唐文彬和两个副手紧密配合，常在办公室会面商讨对策。因为他们团结战斗，反击"敌对势力"措施有力，院党委书记曾当面表扬过他们，并号召其他各系向他们学习。唐文彬等三人能亲密共事，能得到院党委书记支持，是有根源的：早在白区工作期间，院党委书记是敌工部长，唐文彬是其下属人员，彼此相知很深。

　　至于田为民和王勇两人，则同是从部队转业后考入本校，同是从本校毕业留校的学生。不过田为民走的是"学而优则仕"的道路，他是在二年制专科毕业后，先作总支秘书工作，后被唐文彬提拔为总支副书记的。王勇向往的是"双肩挑"，希望既不脱离业务，又能得到组织重视，所以他是在四年制本科毕业留系后，又带薪上了三年研究生班，然后回系任教的。

　　王勇在系里，当过教工党支部书记、教师政治学习组组长，又作过唐文彬副手，跟随他带高年级学生搞了两期"四清"。在"四清"前线，他善解书记意图，能较快地把书记意图转化为学生们的自觉行动，自然得到书记赏识。

　　重用他二人，却是由党的阶级路线决定的。这两人都是农家子弟，都算得上是"根红苗正"。又都受过部队大熔炉的冶炼，组织观念都强，也就容易比一般人受领导重用。

　　田为民和王勇，既然是唐文彬的左膀右臂，便经常受到他精诚团结，合作共事的言传身教，彼此关系也比一般人融洽。就是在夫妻团聚这类个人利益很强的生活问题上，为谁先解决，谁后解决，也没有闹过分歧。

　　田为民上学前在市文化局工作过，留校以后又参加过市里的大批判组。因为跟市里关系密切，他在农村当小学教师的妻子得到特批，调进了本市，做本系资料室的资料员。当时，王勇正与自己研究班毕业的同学联系，要与在妻子所在地"文联"工作的一位同志进行"对调"。田为民得知王勇有关"对调"的做法，十分关切地帮他分析说："老王啊，不是我说你。你替系里想一想，领导会同意你'对调'吗？系里让你带薪学习，而且学习单位又是由宣传部办的。可你毕业了就想'飞'，你想系里会怎样看你呢？当然你可以说，进行的是'对调'，不是'单调'。就算'对调'就一定对等吗？搞文艺理论批评刊物的，能写文章，但不一定能搞好教学。能搞好文艺理论教学的，也不一定笔头子那么硬。文联和高等学校，毕竟是两个行当。

何况你是本系毕业生，领导大都熟悉你。哪个领导不喜欢自己培养出来的人才？何必往外飞呢？"田为民的意见是：调走的事不好提，也不能提。刚回到系里，总要搞好教学和社会工作，做出点成绩，才能讲个人的事。他又提醒和安慰王勇说："你一回系，就安排你当系学习领导小组组长，足见领导对你的重视。只要你好好干，干出点成绩来，个人问题还不好办吗？"

田为民的一番话，让王勇听着很在理。他们本是同样来自部队的大学生，又都在党，经常受到要"不忘共产党的恩情"的教育，对"生活与工作相比，把工作放在第一位"的原则习以为常。所以王勇虽然在结婚前向妻子有过许多许诺，但这种被视为"小资产阶级情调"的许诺，在强大的组织原则面前，早丢到爪洼国里去了。他面前剩下的，只有"好好干"三个大字。

以后，当王勇跟随书记搞"四清"的时候，田为民又"帮"王勇，把他的妻子调到了邻近的郊县。虽说是郊县，以后很难再往市里调，实现真正意义上的团聚，可骑车三个小时就可到达的郊县，在王勇看来，也够可以的啦。过去三人间有这么密切的关系，现在他二人一起帮着书记领导运动，可以看作是顺理成章的事。但这是运动刚刚开始的事。

运动进行到揭批资产阶级反动路线以后，院党委瘫痪了。系"文化革命小组"办公室，剩下唐文彬在守摊，王勇时不时来转一转，很少见到田为民的踪影了。

"是家里出了事？还是身体不舒服？也该来电话打个招呼啊"唐文彬和王勇谈论着田为民不来办公的原因，担心他出了什么事。

过了几天，唐文彬在校园里看到了一张"向革命小将请罪"的大字报。近前一看，署名的是田为民。在大字报里，田承认自己执行了黑党委的资产阶级反动路线，迫害了"造反派"。随之，呼吁唐文彬站出来革命，揭发黑党委泡制"资反"路线，镇压"造反派"、特别是中二战斗组的问题。

唐文彬没想到，自己的副手脑瓜儿转的会这么快！他真的不相信这是事实。

其实，这副手早在"文化大革命"开始，就跟"心腹"谋划自己的前程了！当辅导员、党总支受到大字报炮轰时，田为民也曾有过："这不像1957年右派向党进攻吗？这股风是什么来头？"的怀疑。

职业习惯使田为民懂得掌握信息的重要性。他通过一年级学生、自己的小同乡周有才，跟北京高等学校的红卫兵组织，特别是清华"井冈山"之类名牌组织取得了联系。毛主席的"炮打司令部"大字报，就是从他们那里得到了油印件的。田为民阅读揣摩，弄明白了，这张大字报矛头是直指刘少奇的。

大字报说："联系到一九六二年的右倾和一九六四年的形'左'实右的错误倾向，岂不是可以发人深醒吗？"这段话使田为民回想起少奇同志主持工作时，在著名的七千人大会上，讲过造成三年经济困难的原因，是"三分天灾，七分人祸"。

当时田为民对这样的估计是赞同的，"总路线、人民公社、大跃进"时的盲目冒进，的确造成了很大危害，自己的爷爷、奶奶就是那时候饿死的。他记得传达七千人大会精神时，毛主席也曾表示过明确的态度，说：出现"左"的错误由中央政治局负责，我是主席，主要由我负责。现在提一九六二年的右倾，明显是否定刘少奇当年的提法。

一九六四年的"形左实右"的错误倾向，当然指刘少奇夫人在"四清"中总结出的"桃园经验"。要说"宁左勿右"，是党内一贯作风，为什么现在要少奇同志负责呢？田为民对此也不无疑问，但是站在毛主席一边，还是站在刘少奇一边，这可是政治立场问题。虽然对毛主席大字报中的提法很不理解，甚至有些反感，但从个人前程考虑，即便有点违心，政治方向感极强的田为民，也得站到捍卫毛主席革命路线这一边。

正当田为民琢磨自己对"文革"应采取何种态度时，那位小同乡周有才向他进言了：中二战斗组的人正打算向你、老唐、王勇发动反击呢！你该抓住时机，反戈一击。你带了头，"造反派"会谅解你的。不能再跟唐文彬这样站在刘少奇线上的人跑了！这些话，点拨了田为民的心。他除了深入群众，主动检查自己为保旧党委，执行资产阶级反动路线的问题，还主动写大字报要求唐文彬揭发旧党委，站出来革命！

看过田为民的大字报，使唐文彬联想到，在参加批斗主管学校教学和科研的副校长的大会上，他目睹了一群"造反派"跑到台上要揪斗党委书记的激烈场面。虽然说那次揪斗并未成功，党委书记被一大群党、团员和积极分子护着，藏起来了。但那种群众运动的骚乱场面，却常扰得他寝食难安。现在连自己亲手提拔的副手，也参加到"造反派"的行列，更增添了他的厌倦与惶惑。

深夜难眠时，唐文彬想到自己和姐姐年轻时满腔热血，因不满蒋介石消极抗日，积极反共的政策，先后参加了共产党的经历。多少回，出生入死传递情报，护送同志，并没有任何个人的追求，确实是为了国家的振兴和民族的解放。但到解放后，只要赶上运动，这些白区工作的经历往往被提出来，要求再度审查。他确实感到困倦和惶惑。

他跟田为民一样，懂得"炮打司令部"是针对少奇同志的。但他和田为民不一样，他有长期从事白区工作的经历，这种经历使唐文彬感到，自己在一定意义上说，跟少奇同志是"拴在一根绳上的蚂蚱"，有着一荣俱荣一损俱损的天然联系。现在：既然连领导震惊全国的安源煤矿大罢工，领导"一、二九"学生运动的少奇同志，这位白区工作的总代表，现在连他也都成了革命对象。这世道还有什么道理好讲？

田为民的大字报把唐文彬逼到了一个关口：他知道，自己应该学田为民一样作自我检查，还要揭批党委的问题。但他不愿违心地否定自己，更不愿对自己的老上级、老领导"落井下石"。可是，如果不"革命"，就必然会被扣上"反对毛主席革命路线"的罪名。在苦苦地挣扎中，唐文彬想到了死。

从"死"字，他想到了不久前刚进行过的"四清"：在那里，他曾处理过一宗大队干部自杀问题，也曾见到抗日时牺牲的老战友的墓碑。当时，他觉得大队干部的死是"轻如鸿毛"，老战友的死是"重如泰山"。大队干部的死讯传来，他曾想过：任凭运动有什么过火的地方，挨过"整"的党员干部，有多大的委屈，也不应去自杀。"人生自古谁无死？留取丹心照汗青。"有朝一日，碰到生死关头，他情愿选择老战友的死法。虽说是死于叛徒告密，但究竟光明磊落，百世流芳！唐文彬想着，思路又从他人的经历，回到了自己目前的处境。他明白：即使自己愿意一死了之，也远远比不上当年老战友上刑场时的慷慨激昂。

是被田为民的大字报吓怕了吗？他似乎并不怕。他相信：像田为民这样的投机者，可以得逞于一时，决不会长久得志。那么，自己有没有勇气和力量站出来呢？那些铺天盖地的呼应田为民的大字报，仿佛化作一阵旋风，把自己裹了起来，裹成了一具没有生命的"木乃伊"。

唐文彬精神恍惚了！他想从这些大字报的包裹中挣扎出来，但田为民手举把他名字打上红叉的标语牌，率领浩浩荡荡的红卫兵，凶神恶煞般地冲向了自己。唐文彬想躲避冲击，却被一块坚硬的石碑绊倒。手扶石碑立起身来，却见是抗日时牺牲的陈辉同志，他正站在石碑后向自己招手。石碑上刻着陈辉同志的诗：

英雄非无泪，
不洒敌人前。
男儿七尺躯，
愿为祖国捐。
英雄抛碧血，

化作红杜鹃，

丈夫一死耳，

羞煞狗汉奸。

读到"丈夫一死耳，羞煞狗汉奸。"唐文彬忽然精神一震，伸出右手与陈辉同志紧紧相握。此刻，他感到自己和陈辉同志都很高大，田为民却像只老鼠似的，缩在碑下。想到这里，唐文彬在办公桌上铺开纸张，提起毛笔，笔酣墨畅地写下两行大字：

毛主席万岁！

毛主席万万岁！

然后他踩上椅子，站到桌上，纵身朝窗外一跳，结束了自己的生命。

唐文彬的死讯像一颗爆炸了的炸弹，在学校校园，特别是在中文系师生的心目中，引起强烈震荡。田为民等已经表态要求唐文彬站出来革命的师生，迅速贴出大字标语：

"唐文彬畏罪自杀，死有余辜！"

"把叛党分子唐文彬永远开除出党！"

有些脑筋转得不像田为民那么快的，像王勇等青年教工，是看到大字报才得知唐文彬的死讯的。他们觉得：老爷子搬进办公室住，就是想干好工作。才有丁点儿风吹草动就吓得跳楼，死得也太不值当了！太窝囊了！怪可怜的。

同情心挑动着王勇，背着"造反派"，悄悄跑到唐文彬家中，去安慰他的妻子。这短暂的访问，让王勇明白了：一个人的死亡，对他的家庭会造成多么巨大的影响！

　　王勇曾来过唐文彬家。他家在一栋旧式楼房中，占了一个用活动门隔开的大房间。晚上拉上活动门就成了两间，他们夫妻俩和孩子各占一间。房屋宽敞亮堂，倒也窗明几净。王勇前来慰问这天，却是满眼灰暗，一片狼藉，显然有人来刚抄过家。唐的妻子刚得到通知：因唐文彬畏罪自杀了，家属不能再跟着享受优惠待遇了。唐文彬每月一百四十元的工资没有了，家属只能到街道领取每月二十多元的生活费。因成了"反革命家属"，孩子们的助学金全遭取消。

　　见到王勇，唐文彬妻子捶胸顿足地向他哭喊："这死鬼，他可把我们坑苦了！"王勇说了些既无力又无用的安慰话，悄悄走了。但唐的妻子那撕心裂肺的哭喊，却长久留在他的记忆中。

　　唐文彬的死，还使部分师生猜想：中文系一定存在大问题。系"文化革命小组"办公室的隔壁，有间长年挂锁的屋子，人们称它"档案室"。中二战斗组的成员们，其他红卫兵们，走过这间房都不免想要探究一番：这把锁，究竟锁住了一些什么样的秘密？唐文彬死后，中二战斗组按捺不住了。他们撬开了锁，跨进了门，想寻访寻访有没有整自己的黑材料？有没有什么爆炸性的新闻？

　　锁被撬开后，"档案室"成了热门"阅览室"，不断有人出出进进。周有才也抽空造访了"档案室"，找到一些他认为有用的材料，与田为民分享。其中，从地上捡起来的一份会议记录，引起田为民的重视。那是一份一年以前，田为民也曾参加过的总支委员会的会议记录。这次会的特点是，有旧党委的组织部长参加。经讨论作出的决定是：内定王勇为中文系副系主任。

围绕这份记录，田为民和周有才商量，要向"造反派"头头，提供几项建议：

一、迅速组织人力到王勇家乡外调。他家乡也有两派，要到他亲属对立面那一派去调查，查他的阶级出身。

二、贴出"唐文彬的帮凶王勇，只准你老老实实，不许你乱说乱动。在交待问题期间，不得私自离校"的勒令。

三、立即贴出"揪出中文系修正主义苗子王勇，将他打翻在地，再踏上一只脚，教他永世不得翻身"的大标语，大造革命舆论。

唐文彬死后两天，围攻王勇的大字报，贴满了中文系所在的北后院。到这时才弄清"档案室"被砸真象的王勇，匆匆找了几个人，一同进了"档案室"，做了番清理，然后贴上封条，一同退出。

王勇住进俗称"主义兵"这个红卫兵组织指定的房间，受到他们的监督、管制，很少与其他教工接触，也极少回家。日子长了，没人管制他了，他就自己"解放"了自己。

一天，他发现院内少了很多熟面孔。慢慢打听，才知道很多教工和学生，都集中到校本部，成立了"八•一八"红卫兵，夺了校本部的党、政、财、文大权。田为民也搬走啦。

既然本系的教工多搬到了校本部，王勇也寻找机会到那边看了看。然后，他做出了判断：两边论实力，"八•一八"那边似乎更强一些。要想"随大流"，似乎应该搬过去。但论交通条件，住分院更方便一些。分院地处郊区，不像在市内，到处是"造反派"设立的关卡。骑车回家，要比从校本部出发安全，还可以少骑半个小时车。而且现在虽然分成了两派，这种情况怕也不能长久下去，终究还会联合在一起的。衡量了一下得失，王勇心想：现在先不表态，反正我少摊事儿，暂时逍遥逍遥。于是继续住在北后院。

一天，楼道里传来阵阵叫骂声、冲杀声，把住在教学楼二楼的王勇，从午睡中惊醒。他连忙起身，走到门前，通过门上的"猫眼"往外张望。只见大队的人流，个个头裹毛巾、手持大刀、棍棒和铁锹等武器，全都沿着二楼楼道往三楼冲呢！王勇明白：三楼是"主义兵"的总部所在地。

"这不是东湖村的农民吗？怎么冲进学校来啦？看架势像搞武斗。这可不是闹着玩儿的，搞不好有生命危险。得赶紧想脱身之策。"王勇一阵慌乱，就像遇上了乱兵一样，一边寻求脱身之计，一边观察楼道动静。

慢慢地，二楼楼道清静了。王勇意识到武斗大军已经冲上三楼，便忙打开房门，没命地朝楼梯口奔去。

临近楼梯口就听到从三楼往下冲的农民喊："别让二楼那小子跑了，捉活的！"王勇一听，腿像安上飞轮似的，也不知怎么着就下了楼往东窜。边跑边听到"呼！"的一声，一杆长矛从耳边飞过，追的人快逮到自己了！

往哪儿躲？往哪儿逃？恰巧前面是拐弯处，弯角右边有间厕所。王勇一闪身进了厕所。追的人拐过弯后，判断王勇已跑进前面另一座课室楼，便朝另一座课室楼追去了。零乱的脚步声逐渐远去。王勇扒着厕所窗口往东看，见院子里武斗正酣。四面八方涌来的"主义兵"，把东湖村的农民围困起来。棍棒齐挥，拳矛交织。

王勇听到包围农民的学生中，邻近自己这一边，传来一个熟悉的声音，便大喊起来："小刘！小刘！快救我！"小刘听到呼喊，带了几个学生，跑到靠近主楼厕所外边窗户的地方，来接应王勇。王勇跳出窗外，紧跟小刘等人，从包围圈的外侧，跑进了"主义兵"的武斗大本营---学生宿舍。

武斗结束后，王勇才弄清事件的来龙去脉：

几个"主义兵"到东湖村贴大字报，和农民发生了口角，并挨了打。挨打的学生回校搬来许多援兵，打伤了东湖村许多人。东湖村的"全无敌"战斗队本来就与"师院""八·一八"走得近。吃了这次亏，就找"八·一八"总部商讨如何报仇雪耻。"八·一八"和"全无敌"双方商定：定于九月十六日，趁"主义兵"午休之机，由"全无敌"携带大刀、棍棒等武器冲进后院，直奔教学大楼，端"主义兵"的总部，活捉他们的头头，带回村关押，并拿他们作人质，为双方谈判增加自己的筹码。"八·一八"则派遣"侦察兵"和"后备队"，支援"全无敌"。双方均以为计划周密，稳操胜券了，所以连在"八·一八"驻地召开祝捷大会的时间也定好了。

没料想，偷袭消息被"主义兵"知道了，事前做了比较周密的防卫计划：

第一、在对方预定进攻的日子里，原住课室楼的"主义兵"全部撤出，让对方扑空。

　　第二、九月十六日当天，"主义兵"全部停止午休，带好武器，埋伏在教学大楼四周的房屋内，听从"二号勤务员"调动。以喇叭声为信号，号声一响，四面合围，包围"全无敌"，迫使他们放下武器，就地投降。

　　第三、因"全无敌"有武术师，还带有一帮徒弟，会抡大刀、耍长矛。为对付这些人，每个"主义兵"都带包滑石粉或黄土。开打前，先用滑石粉或黄土，迷住他们的眼睛，使他们丧失战斗力，以保证胜利。

　　果然，"全无敌"中了计，光被俘的就有四十多人。被俘的都举手投降，还个个挨了"主义兵"头头的训。为表示宽大，"主义兵"还找来校医为受伤的"俘虏"上了药。"俘虏"们个个做了不再与"主义兵"为敌的口头或书面保证以后，陆续被释放回家。

　　武斗过后两天，小刘来到王勇住处，动员他参加红卫兵。现实的武斗和小刘的来访，让王勇不得不立刻决定参加哪一派的问题。早两天的"历险"让他觉得：不参加组织不行了。你既然不支持人家，人家有什么事也没必要通知你。碰到武斗什么的，多危险！于是，参加了"主义兵"。

　　参加了"主义兵"又不想卷入武斗，怎么办？正好有两个学生小马和小汪也有同样想法。三人一凑合，找了块钢板，就在宿舍办了份油印小报"文攻报"。

　　一天，王勇看着江青同志"文攻武卫"的指示和林副统帅对于"文攻武卫"的解释，问小马：

　　"你看这两份中央首长讲话，咱们怎么发？"

小马接过北京传过来的油印件，念道：

副统帅说"好人斗坏人是应该，好人斗好人是误会，坏人斗坏人是利用，坏人斗好人是锻炼。"

小马念完后把油印件往桌上一摔，说：

"屁话！不发。"

王勇还想说什么，却见小汪兴冲冲地进屋，说：

"刚到总部送小报，听他们说咱们绑架了'老八'的周有才！"

王勇认识周有才。在他的记忆中，周有才是一个壮硕、开朗的小伙子。在王勇代理新生辅导员期间，周有才曾偷过同宿舍同学一块手表。在王勇调查、证实了周有才的盗窃问题，找他谈话时，周有才迅速承认了自己的错误，并交出了手表。其实，他偷表也不是为了自己戴，他是嫌戴表那"哥们儿"太神气活现了！他也知道这块表，是某名人送他爸的赠品，这小子要过来戴在自己手上，是用来出出风头的，便故意把表偷走，让他生气，干着急。

周有才在王勇发现并批评他的错误后，没再"捣乱"，反而关心老师的生活，多方面支持他的工作。一次，王勇到市里参加宣传部门会议回校晚了，周有才到宿舍给送来了午饭，亲切地对王勇说："王老师，我还不知道我那当宣传部长的老爸？开起会来准让人吃不上饭。听说您是到市委宣传部门开会，就替您打好了饭，算替我爸补过吧！"几句话，说得王勇十分感动。觉得人家到底是革命干部的孩子。偷表当然不对，难得的是认错态度好，肯接受帮助。

"为什么绑架他？莫非说'文革'中他成了重要人物？"别说王勇沉思，小马早接过了小汪的话头：

"从周有才投靠了'田泥鳅'，这小子混身藏着的匪气就都滋滋往外冒。挨过他揍的人，现在都数不过来了。要论他为'老八'立的功劳，早就该进了总部，混了个'师长、旅长'的了。就因他小子手太黑，伤人过多，总部头头没敢吸收他进总部，到现在还跟田为民跑腿呢。"

王勇听了小马的话感到饶有兴味：干部子弟周有才，混身透匪气的周有才；善于做思想工作的田副书记，小马口中的'田泥鳅'，相同个体的不同方面，似乎很难统一。但他们确实又都是同一个人。孰真孰假？孰主孰次？小汪不热衷于人物评价，他打断小马的话，直截了当地问：

"咱们能不能用周有才，换回被他们抓去的'二号头头'？"

"那要看咱们军师'小诸葛'的谈判才能发挥得好不好。"小马不紧不慢地回答 。

"'小诸葛'最好还要求他们，把他们抢去的王老师的车子也还给咱。"小汪进一步说明自己的主张。

"见到分团团长，咱们让他给总部'小诸葛'递个话。"小马显然同意小汪的主张。

王勇的飞鸽自行车，是他老丈人用一笔靠翻译得来的稿费买来，送给女儿、女婿，作为欢庆他们夫妻团聚的礼物，是他们小家庭唯一珍贵的财产。

小汪能想到自己的自行车，使王勇感受到"一个战壕里的战友"的情意，感受到自己身后又有了组织的支持，打心里感到高兴。他的思维定势是：只有干好本职工作，才是对组织和同志关怀的最好回答，所以他把话题又转回到小汪进屋前，他和小马讨论的问题上来。

王勇抓起小马摔到桌上的油印件，举了起来，问小马、小汪道：

"这个，咱们到底发不发？"

"不发，不发，就是不发！发那个，咱还叫'文攻报'吗？"小马一连讲了三个"不发"，他的态度很坚决。

"这可是中央首长讲话啊。咱们要是不发，总部怪罪下来怎么办？"王勇表明了自己的顾虑。

"唉呀我的好老师，你也忒老实了。"小马满脸揶揄，接着说：

"打唐文彬一死，您就坐班儿挨批。您别是既甘心乐意挨批，却又得了挨批恐惧症吧？您不就是个'候补副系主任'嘛！羊肉没吃上一口，空惹了一身臊，值吗？您看人家田副书记，可是捞实惠的：印把子人家攥过，乡下老婆也弄进大城市来了。您啦，城里娶的老婆硬被您拉下乡啦。瞧，人家活得多'自在'！这边儿刚请完罪，看那头风硬，不又蹦到那边'革命'去了吗？他妈的兔崽子，鼻子灵着呢。您呢，不登'屁话'，还怕'总部怪罪下来'。真的怪罪下来，咱们鼻子底下不是也有嘴嘛。不会说，你们总部早都用红头文件的形式印发过，还散发到社会上去了，比我们这破小报不是影响大多了吗？我们敢抢总部的锋头呀！"

　　王勇挨过多次批，早已没了"师道尊严"。但把他和田为民对比着批，却是第一次。虽然连讽带刺的，但毕竟小马在感情上是向着自己的。这倒真使王勇反省了一下：总这么唯唯诺诺，一副驯服工具的骨架子，怕是不行了。

　　小马对田为民改换门庭不满，骂他"兔崽子"。其实，田为民是有他的打算的。他在官场上究竟混过，虽说不上"老谋深算"，但决不随大流，草率行事。他不是随便一"蹦"，就到对方组织的。

　　毛主席接见红卫兵那天，"师院"原先各小战斗队，联合成立了"八·一八"红卫兵，教师、干部多在其中，组织成员以党、团员居多。校内观点以保护院党委书记为特点。"文革"中最响亮的口号是："革命无罪，造反有理。"保护院党委书记的"八·一八"，自然被对立面攻击为"保皇派"。"八·一八"红卫兵，因保护院党委书记，在校内"革命"自然无所作为，想"革命"只有杀向社会。

　　田为民不是转业军人么？他正巧是从本地驻军转业到本地文化部门，又从文化部门上了大学的。这样的经历，使他了解并熟悉许多本地社会情况。像什么省委书记与刘少奇对"四郎探母"之类旧戏的共同爱好，省委书记亲自陪同王光美去桃园，并让媒体报导"桃园经验"等等。这些都是"八·一八"杀向社会的重要材料。看清了这一层，再加上田为民的家在院本部，他当然不顾"主义兵"的不满，站到了"八·一八"这边。

　　当·杀向社会，"造"了省委的"反"以后，田为民的战斗力得到充分发挥，受到了总部的重视。校内的"主义兵"则因他们的"一号头头"是省委书记的公子，被对方讥为"保爹兵"，一度军心动摇。是在撤换了"一号头头"以后，才重整旗鼓，再次稳住阵脚的。

也算田为民走运。等到两派联合前夕，得知进驻本院的军宣队，正是他原先服务过的本地驻军，而且军宣队长正是自己的老上级。那时，军宣队长是驻军参谋处长，田为民是他属下的一名参谋。驻军在社会上支持反省委的"八·一八"，反对老跟当地驻军扚蹶子的"主义兵"。这样的"天赐良机"，真让田为民打内心感到，亏自己政治嗅觉灵敏，站对了队，选对了边。自己也才是三十边儿上的人，稍过一段时间后，稳稳当当接过唐文彬的班，三十岁闹个正处级，已是唾手可待了！周有才私下向田为民贺喜之时，田为民也暗许了他，将来让周有才以学生代表身份进入系革委会，毕业后留校当团总支书记。

他们目前要干的，是勤向军宣队汇报。在当前清理双方组织中坏人的斗争中，进一步长自己的志气，灭对方的威风！

联合前不久，王勇的车子要回来了。他用这辆车，从火车站接回了来T市待产的妻子。准备待几天，仍用这辆车把妻子送进医院。他感到：有了自己的车，真好！

在王勇处理家事的这几天，学校在军宣队的领导下，两大派正商讨大联合的事，他还曾参加过两次"联合学习"呢。似乎一切都还进展顺利。

但就在把妻子送进医院，自己单独回家的那一刻，形势突变。一进院子，就见办公楼前挤满了人。

"打倒坏头头章世杰！"

"砸烂坏头头余国庆的狗头！"

"砸烂'主义兵'的黑司令部！"

"坚决震压反革命！"……口号呼得震天响。

不久，开来了两辆车上站满红卫兵的大卡车。大卡车在办公楼前刚停稳，红卫兵们就跳下车来，冲进大楼，揪出章世杰、余国庆等"主义兵"的总部头头，捆绑起来，押上卡车。站在车上分列左右的红卫兵，硬是按下他们的头。在攻击谩骂的口号声中，卡车缓缓开出校门，载头头们游街去了。那架势，真像绑赴刑场似的。

日后这些头头们都陆续释放了。但在当时，确实相当吓人。大长了"八·一八"派的威风，大灭了"主义兵"派的志气。

第二天，灰溜溜的王勇，强颜欢笑接回了妻儿。心里七上八下，不知道下一步该怎么走。他想嘱咐妻子，自己如果被打成了"反革命"，要她和孩子多保重。如果因为自己影响孩子前途，就请她和自己"划清界线"，离婚自救。但话在脑子里转，嘴却怎么也张不开。靠搓尿布、做饭、收拾房间来打发时间。

产妇当然感觉情况不对头。她趁丈夫不在屋的时机，溜出房门，到校园里转了一圈。她见到，铺天盖地的大字报，全指向了"毛泽东主义红卫兵"中的"坏人"。其中，当然也有"现行反革命"王勇的名字。她也见到了一些熟人，但都满脸严霜，装不认识。了解到发生的情况，夫妻之间倒也便于捅破窗户纸了。等王勇婉转地说出了心里话，妻子倒也痛痛快快地表了态：

"我知道你不是反革命。就算你被打成了'反革命'，我自己的孩子，我会带大他们。"

现实的问题是：王勇已被限制了行动自由。妻子心情不欢，奶水不足，孩子老哭。两人商议：过了这周，就送母女回校。

在他们商量好要尽快离开的这天晚上，突然传来轻轻地敲门声。一开门，闪进了小华。她是邻居老夏的妻子。小华走到床前轻声地问候了产妇，然后拿出一瓶奶粉说：

"听孩子老哭，想是奶不够。想到你上街不方便，特意去买了瓶奶粉。"

说完，把奶粉放到床边的桌上，就退到门边，扒开门缝，左右张了张，回头一笑，摆摆手，轻轻地开门走了。王勇夫妻知道，她是顶着极大的压力，来祝福他们新生的女儿时，心中升起一股暖意。

次日，王勇得到允许送妻儿去火车站。走过天桥，王勇想到这一次分别，不知能否再见，不禁掉下了眼泪。妻子见状，安慰他说：

"我知道你不是反革命，也不会成反革命。好生保重吧！"

王勇觉得，妻子的第一句话，表明了她对自己的理解和支持，是亲切的。第二句话却表明了她的天真和幼稚，并不知道形势的严峻程度。是啊，她没见到抓头头们游街的场面，她没参加前两天的公审大会，她也不知道张同自杀的消息……

两天前在校内大院，召开了由军宣队主持的公审大会。公审对象是"企图叛国投敌"的，原哲学系干部班二年级学员李燕。李燕在一派组织内部，因反对伟大领袖毛主席的罪名挨了整。她觉得难于忍受，便逃回了家。她家与朝鲜民主主义共和国隔江相望。一天，她在江边徘徊，被边防军抓获，以"企图叛国投敌"罪遣返回校。在这次公审大会上，被宣判死刑。在场听到判决的王勇，出了一身冷汗。"企图"不等于事实，既然根据"企图"就能判处死罪，那么还有什么罪名不能罗织，不能判罪呢？

王勇还曾参加原中文系资料员张同的"缺席批斗大会"。张同是在目睹头头们被抓游街，李燕被宣判死刑，田为民找他谈话后，跳楼自杀的。他死当天下午，就召开了"缺席批斗张同大会"。会上，中文系的"八·一八"教工勤务组长，咬牙切齿，历数其种种"莫须有"的罪状。这个"急就章"式的会，达到了人死鞭尸，威震对立面的果效。

王勇感到，这么做太过分了！张同是个典型的小人物，既没参加过打、砸、抢，也没呼风唤雨、出谋划策。只不过为找个遮风避雨的处所，才参加了"主义兵"。现在连他死了都不肯放过，显见对方压垮"主义兵"的决心之大，手段之狠。从而也联想到，自己被挂上"现行反革命"的大牌子，抓出来"示众"，不但难以避免，而且近在目前。一旦打成了"反革命"，不是坐监，就是流放，还能再与妻儿相聚吗？

妻儿走后，王勇就被挂上"现行反革命"的大牌子，挨了两小时批斗。批斗内容，主要是反对"中央文革"，反对支"左"的解放军。批斗过后，两名红卫兵押着李冰回到宿舍，收拾好铺盖行李，让他背着进到专政队。

专政队设在课室楼的地下室里。这是一间长方形的宽大屋子，只有两个小小的、半截露出地面的窗户。屋子里阴暗潮湿，散发出一股霉味。靠门这边，正中摆了一张办公桌，那是红卫兵管理人犯的公案。房子中间，摆了两张拼起来的长桌。李冰被押进来时，几十个"牛鬼蛇神"正围桌而坐，都在写检讨或交待材料。王勇知道：他们都是文科各系的"反动学术权威"、"国民党残渣余孽"和"历史反革命"。看了一眼，比自己先被抓起来的"主义兵"总部头头章世杰和余国庆都没在座，想必另处关押。倒是比自己年轻的，曾打过人的小吴，跟几个"主义兵"，也在桌边写材料。长桌后面靠墙的是地铺。王勇被指定，在东边墙角安排了自己的铺盖。自此开始了被"专政"的生涯。

在专政队里，"牛鬼蛇神"们的生活内容，不是劳动，就是写材料，再就是挨批斗。既不许家人探视，又不许相互交谈，整天挤在这昏暗的地下室里，鲜少外出放风的时间。所谓劳动，不过是惩罚的代名词。王勇他们几个年轻一点的，倒比较喜欢。不管干什么，起码活动活动筋骨。老人们可不行。像那位汉语教授，因身子肥胖，拔草蹲不下去，多次挨过耳光。他被"劳动"折磨得死去活来，最终死在工地上。一些老教授们，在专政队里，依然保持着自己的个性。瘦高个儿的黄教授，学者味特浓。他似乎受过"立如松，坐如钟"的专门训练，挨打时总是脖子、腰身挺得直直的，展现出他的倔强。一天深夜，大家都被叫起来，连夜开他的批斗会。工宣队员说他梦中说反动话，他这是不满无产阶级专政。日有所思，夜有所梦。黄教授白天管得住自己的嘴，夜里却管不住自己的梦啊！

那位在国民党军队中当过将官的魏教授，挨批斗时又是一种表现。他不多言多语，也不管审讯者提出的问题，总是简单的一句话：

"我认罪，我是傅作义将军的属下。"

王勇明白这句话的弦外之音：我是起义人员，傅作义将军不倒，你们奈何我不得。

进专政队以前，王勇依仗着自己"根红苗正"，是系里的"红人"，不太瞧得起这帮"资产阶级知识分子"。还记得，因这位魏教授会上发言的"开场白"，老是假里假气的一句话："现在是最好的时期。"便把他看做是阿谀奉承党的"小人"。曾学着他的腔调，在内心编词儿嘲笑他。但到专政队以后，见到他面对审讯毫无惧色，上厕所时常用冷水擦澡。见到王勇也去上厕所时，还会有意挺挺胸，对他传递一个会心的眼神。这一切，都使得王勇对他心生敬意。原来老先生的骨头，并不比自己软。

　　1968年中国共产党第九次全国代表大会召开前夕，毛派人物，为了进一步神化毛泽东，在全国掀起了挂"忠"字牌，跳"忠"字舞的群众活动。人人把一面镶嵌毛主席像的小镜子挂在胸前，这叫挂"忠"字牌。挂着"忠"字牌，唱着语录歌跳集体舞，就叫跳"忠"字舞。学院里，工宣队长检查师生跳"忠"字舞的情况时，发觉"牛鬼蛇神"没有参加。"这不是抵制效忠伟大领袖吗？"他决心消灭这个死角。一声令下，专政队里的"牛鬼蛇神"，通通被拉到了操场，站好队，听他"训话"：

　　"现在，给你们一个最好的赎罪机会，让你们参加跳'忠'字舞的政治活动。

　　"按理讲，你们有资格参加吗？"他故意问大家一句。

　　"没有！"

　　包括李冰在内的年轻人齐齐地喊了一嗓子，他们好久没有遇到这么"逗"(有趣)的机会了。这一嗓子多多少少吼出了他们积压在胸中的闷气。藏在内心的回答却是各式各样的。文雅一点的会说：

　　"既然已经把我们打入了另册，还叫我们表什么'忠'心，这不是对毛主席的绝妙讽刺吗？"

　　粗痞一些的会说：

　　"老子看透了你们这一套！什么忠心？舔屁眼子罢了！老子还真是不配，也不愿搞这一套。"

　　当然，工宣队长听不到这些内心的声音。他按照自己的思路继续训话：

"别小看跳'忠'字舞，这是对你们很大的考验。忠不忠，看行动。跳得好，说明认罪态度好，会得到宽大处理；跳得不好，说明还在顽抗，绝没有好下场！"

政治动员完毕，"牛鬼蛇神"各展舞姿。凡年轻的，伸伸胳膊，伸伸腿，三下五除二，一会儿就跟上了"流"。可怜了一帮老先生，老胳膊、老腿总也踩不到点儿上。踩不上就挨训，甚至挨揍。特别是那些身体虚弱，浑身病痛的，跳不一会儿就气喘吁吁，汗如雨下。多么想停下歇一会啊！可在强大的"无产阶级专政"面前，敢吗？。

所谓"忠"字舞，是"文革"中某些邀功请赏者编织的一出闹剧；可对某些被迫害者来说，它又是一出生理折磨的悲剧。

类似的胡闹有时也表现在批斗中。一次在地下室里，工宣队召开了"揭批历史反革命分子韩楚大会"。韩楚是古代文学教授，青年时代家境贫寒，王勇他们没听说过他有什么历史问题。在专政队内部开批斗会，这葫芦里卖的是什么药呢？

批斗会开始，工宣队长上台启发大伙说：

"韩楚有严重历史问题，他自己清楚，你们也清楚。我们先不讲，留给你们立功赎罪的机会。"

他希望下边争先恐后地抢着发言。奇怪，下边毫无反应。场面太令工宣队长尴尬了！管这帮人的红卫兵吃不住劲儿了，一个跳上台声色俱厉、上纲上线地批了一通韩楚如何抗拒运动。显然，他想缓冲一下紧张气氛，下面会有人上台的。谁知没人给这个面子，又是冷场。

队长再也耐不住性子了，火了！开口大骂"牛鬼蛇神"们是"长着花岗岩脑袋"，"顽固坚持反动立场"。骂声也没有撬开任谁的嘴巴。他只好"光杆跳舞"，揭批说：

"抗日战争时机，韩楚经常用'金晨父'这个笔名在报刊上发表文章。"他斥责下面众人说：

"你们都是文化人，难道不明白这个笔名是啥意思？金，就是金陵，就是南京市。晨，就是早晨，就是太阳，就是小日本。大汉奸汪精卫不是在南京建立的伪政府吗？'金晨父'这个笔名，正暴露了韩楚认敌伪作父亲的丑恶嘴脸！"

队长还是没有放过大家，接着就让大家写揭批"金晨父"的材料。写了的可以到院子里走走；不写的，关在屋子里写"认罪书"。

到"专政队"解散以后，王勇问韩楚"金晨父"的含义，才知道：韩楚的儿子叫韩金晨，韩楚发表文章时，儿子出生不久，自己是儿子的父亲，自然用"金晨父"作笔名了。

老教授们虽也受折磨、批斗，但其实在掌权人眼里，"老梆子"已经是"死老虎"了，"主义兵"的头头和骨干，才是他们眼中的"真老虎"。他们要借自己掌权之机，尽快搜集罪证，彻底压垮"主义兵"，就必需先抓住重点。

田为民、周有才他们知道，王勇好歹算对方组织的一个"高参"。抓双方组织中坏人时，先给他戴上反革命分子帽子，罪名能不能落实先不讲，起码要把他放到受审查的队伍中，不能让他大模大样作为一方代表进"革委会"。

关押了王勇一阵，没搜集到他什么过硬的证据。前几天，从王勇专案组传来消息：专案组通过反复攻心，"文攻报"的小汪，揭发了王勇攻击江青同志的言行。得到这个消息，田为民可打心里乐开了花！原来，这小子也有"死穴"，而且让咱们抓住了！

在实行"巴黎公社"式大民主那个特殊的年代里，中央文革小组，成了全国的最高权威。谁反对中央文革小组，谁就是反革命。还别说反对中央文革小组，就是反对小组的任何成员，同样是反革命。上海的复旦大学胡守钧炮打张春桥，牵连甚广，几被处死便是实例。涉及到江青的，当然更了不得。著名电影演员赵丹等，便因深知三十年代，江青在上海滩作为二、三流电影演员的生活情况，为江青所忌，而饱受关押和折磨。小说"欧阳海之歌"的作者金敬迈，只因得知情者指点，想为江青封存三十年代材料，但事情办得令江青不满，而被投进秦城监狱。如果反对江青，还连上伟大领袖毛主席的，那就更没跑哪！

"炮打司令部"的大字报，加上毛主席畅游长江，带领群众在大风大浪中前进的照片。特别是毛主席身穿军服，八次登上天安门，亲自检阅并接见红卫兵的壮举，调动了无数红卫兵战士"誓死保卫伟大领袖毛主席！"的狂热情绪。在这种几近疯狂的热情鼓舞下，当时曾揪出无数"反中央文革小组""反伟大领袖毛主席"的"现行反革命"。不管是有意或无心，有人丢弃或践踏登载毛主席像片的报纸被视为有罪。连小孩们玩游戏，画上一个"毛"字，把最后一笔拖得长长地，在这最后一笔上点点儿来测吉凶、阴晴和对错。在当时，玩这种游戏，也都被看成攻击伟大领袖毛主席！

现在有人检举王勇攻击江青同志,说她是毛主席的"贴身女秘书"，这可是重型炮弹！只要这颗炮弹开花，能不把王勇他小子砸个稀巴烂？于是田为民和周有才认真策划，要恩威并用，一举拔掉王勇这颗钉子。

他们在审讯时间、地点、方式，参战人员各方面，一一作了安排。

时间，以午夜为宜。那时候，审讯者做好了充分准备。被审讯者却经过一天的折腾，刚刚入睡又被叫起来，审讯能收"出其不意兼疲劳轰炸"之效。地点须较平日略作变更，以示其慎重。在审讯方式方面，除设主审席外，可多加陪审人员，仿佛电影中黑帮老大出现时一样，陪审人员分别站立主审席两侧，可助威势。

于是，"半夜三更出成绩"，在专政队里成了心照不宣的秘密。

那又是一个夜半，王勇又被提审。主审是田为民的亲信周有才。看来，他现在混成了"八•一八"的一个小头目。他坐在主审位置上，对着王勇大喊大叫：

"王勇,你知罪吗？老实交待你攻击伟大领袖毛主席的罪行！"

王勇深知，这个曾在自己面前表现得十分"老实"的学生的根底。见他如此盛气凌人，内心十分鄙视，扫了他一眼后，就默不作声了。

王勇的沉默，惹惱了急于出成績的周有才。他吼叫了：
"搞軟磨硬抗，決沒有好下場！來人，給他點顏色瞧瞧！"

一聲令下，過來兩個人。其中一人拿了個凳子，四腳朝天放在水泥地上，另一人命令王勇站到凳子腿上去。凳子腿那麼細，怎麼上得去呢？這時又上來一個大個子，雙手揢住王勇的腰往上一提，像提小雞子一樣把他提到半空，令他將腳踩到成對角線的兩個凳子腿上。他好不容易站穩了，只聽"扑通"一聲，又臉朝下全身摔倒在地，原來是周有才已走下了"公案"，趁王勇尋找平衡之机，一腳踢翻了凳子。就這樣，來回折騰了兩三次。當王勇再次從地上爬起來時，整個嘴臉感到火燒火燎似的，下意識用手一摸，兩顆門牙掉進了手心。

這時，審訊班子齊聲高呼：

"凡是反動的東西，你不打他就不倒！"周有才還憤憤地指著王勇吼叫：

"不打倒你，你是不會認輸，不會老實交待的。"

王勇的手緊緊握住了剛磕掉的門牙，仍用沉默來回答。心里卻在想著：

"你不就是田為民手下的一個打手？我看你能蹦多高？"

終于，田為民出場了。他對王勇發話啦：

"你千萬別存僥幸心理，企圖蒙混過關。你的罪行我們全掌握，只是看你的態度。希望你走坦白從寬的道路。"

他的聲音不大，但說得抑揚頓挫、有板有眼的。四周是打手們圍立，似乎隨時可能蜂擁而上。面對這劍拔弩張的架式，王勇繼續保持著沉默。

"叭！"，随着一声拍桌响，周有才蹦到了王勇面前，指著他的鼻子骂道："我看你是不见棺材不掉泪！点你一下，你跟学生散布过哪些攻击江青同志的言论？老实交待！"

王勇的脑子"轰"的一下忆起了在"文攻报"时的谈话。一年多以前，当江青提出"文攻武卫"的口号时，大家对这口号非常不满。王勇曾在"文攻报"跟小汪讲过：

"江青提出的的'文攻武卫'，是个挑动群众斗群众的口号。她又是毛主席的贴身女秘书。我担心她老往老人家耳边吹风，取得老人家的支持，会造成全国武斗升级。"

忆起旧事，王勇掂了掂这段话的轻重。如果承认了，准给扣上"攻击无产阶级司令部"的罪名，后果不堪设想！但两个人之间的谈话，我不承认，他也做不了结论。他决心护住这个"死穴"，也就是说，豁出去了，任你怎么审我也是不开口了！

田为民他们虽然没从这次审讯中获得他们想要的"成果"，但把一块大石头压到了王勇心上。

王勇的沉默，同样让田为民心头蒙上阴影。证据确凿，审讯架势也够威风的。他小子吃了什么熊心豹子胆，竟敢这样软磨硬抗！但是究竟军、工宣队进了校，周有才也不敢往死里打人了。他们也有挫折感。

对王勇来说，真是屋漏偏遭连夜雨，行船偏遇顶头风啊！一天，他和小贾在打扫厕所，被看守的红卫兵叫去，执行紧急任务：专政队的潘教授，跳楼自杀未遂，摔断了脊梁骨，要他们俩在两位红卫兵的监视下，推车送医。

王勇和小贾都挨过打，对伤口的痛楚有亲身体验。他们俩用力把潘教授抬到了板车上，有心把车推平稳一些，让潘教授少受一些痛苦，但遭到那两个红卫兵的斥责。他俩大言不惭地说：

"亲不亲，阶级分。看起来，你们都是一路货色！都是宁死抗拒革命的坏蛋。"

潘教授在不住地流鲜血和呻吟声中，被推到医院门口，停下了板车。因是"牛鬼蛇神"，很多医院都不接受。不知是什么原因，有家医院还真接收了伤者。

王勇和小贾把潘教授抬到观察室以后，护士要初步观看伤口，但衣裤都被染透而且结痂了。护士看得眼晕了，束手无策，呆在那里。一个红卫兵急了，一手从护士手里夺过剪子，不顾病人死活，硬把病人衣裤连沾着的肉皮，全剪开了，露出了伤口。到这时，护士才用抖动的手，进行伤口处理。也许当时社会舆论对专政队搞逼、供、信，已有所批判，看守的红卫兵担心他死了不好向上交待。这回找了硬关系，把潘教授留在了医院。潘教授总算出了专政队，以后没再回来。但代价是巨大的，他将永远站不起来了。

这是开始"文革"两年多来，和王勇同一系的教师、干部中，第三个跳楼自杀的了。头一个跳楼自杀的，是原来的总支书记。书记之死，在王勇心中留下的印记是：他妻子那撕心裂肺的哭喊。第二个是张同之死，给王勇的启示是：如何避免被打成反革命？眼前这位的自杀，在王勇心上留下的是：

求生不易，求死也难啊。要死，也不要走跳楼自杀的路。就算保住一条命，不死不活的，也将是家人的包袱。

气候由春入夏，由夏入秋，很快又将到冬天了。地下室里阴冷阴冷，连王勇这样较年轻的专政对象，也有时难以入睡了。

一天，他起来时，不见了睡在自己左侧的赵教授，上厕所时向人打听才知道：赵教授趁昨夜上厕所之机，已经触电自杀了。听说胳膊烧焦了，眼也鼓出来了。入夜以后，王勇和右侧的老高，都把自己的铺盖向空位挪了挪，挤紧一些，暖和一点儿。这一挪动，王勇顶上了赵教授空缺处一半的地方。当他躺到冰冷的被窝里，赵教授的音容相貌，时不时的往他脑子里钻。

夏天的时候，赵教授曾弄到一头蒜。他在睡觉时掰给王勇一半，轻声对他说了句：

"防痢疾。"

他们相互之间，是被禁止交谈的。这半头蒜，体现了他对自己健康的关怀。但现在，他已去往了另一个世界。

"长痛不如短痛。"

王勇似乎找到了赵教授自杀的原因。是啊，潘教授的鲜血、自己被打落的门牙、幽暗潮湿的牢房、冰冷肮脏的铺盖、不知尽头的监禁，所有这一切难免使人产生生不如死的感觉。王勇不是没考虑过这个问题，就是现在，赵教授也似乎在向自己招手。但同时，另一个小青年的话，帮他把赵教授惨死的形象，从脑海中挤了出去。

白天，当他上厕所的时候，看押他的是新来的红卫兵，就是曾经搭救过他的小刘，名叫刘智。在厕所里，刘智曾凑近他耳边悄悄说：

"王老师，您受苦啦！千万别胡思乱想，多保重身体。天会放晴的，挺住就是胜利！"

这时门外传来人声，刘智故意提高声音"斥责"说：

"快点，快点，你还有完没完呀？"

回到地下室，刘智走了。他过去的影像，却回到脑子里。刘智是独生孩子，生活比较散漫，组织纪律性很差。王勇批评过他，他并不服，是班上难缠的捣蛋鬼之一。今天，是什么鬼使神差，把他送到了自己的身边？他的那番话，哪像个捣蛋鬼，简直就是送来温暖、送来关怀和鼓励、送来勇气和信心的天使。王勇下意识地咬了咬嘴唇，磕掉牙的牙龈仍然感到痛楚，但心头的重压不像原先那么沉重了。应该说，是刘智的悄悄话，帮他进入了睡眠。

第二次见到刘智时，他又给捎来好消息：

师母给您捎来了一床被子，收在监管人员手里。他还得打通一些关系才能拿过来。

三天以后，王勇从刘智手中拿到了被子。夜里，他第一次脱掉衣服，钻进妻子捎来的棉被时，激动得热泪盈眶。梦中妻子似乎消瘦了一些，但孩子不光胖乎乎的，好像都会叫爸爸了。一觉醒来，王勇赖在被窝里不想起床。

死神曾经擦肩而过，但他的利刃被挡住了。被什么挡住了？被小华送来的奶粉，被魏教授鼓舞性的眼神，被已去往另一世界的赵教授分给自己的半头蒜，被刘智的悄悄话，被妻子捎来的棉被，被这一切组成的大写的"爱"字挡住了。折磨吧，折磨怕什么？妻子和孩子都还活着，我们还会再相见……只是，不知道妻子受过些什么折磨？她每天都在干些什么？既然她还能给自己捎被子，这说明她不仅活着，而且惦记着自己。对妻儿的思念，占据了他的头脑。

妻子抱着老二回到小镇，新生儿的姐姐已经在过去的一年被送回南方了。为表示对老二的欢迎，父亲寄来了一些礼物。因为他知道：北方重男轻女的思想很严重，女儿连生了两个女孩，可能会受婆家的气。作父亲的送点礼，起码帮女儿减轻些压力。父亲已经"解放"，而且寄来礼物，这让女儿感到安慰，也增添了信心和勇气。

"冬天不久留，春天要回来，春天要回来。"她喜爱的歌词在脑中响起。她相信春夏秋冬，循环不已，生活不会总停留在冰冷的寒冬。她给孩子取名为"欣"，欣欣向荣的"欣"，她希望新生儿给家庭带来生命的春天。

也许是名字取得吉利，这个婴儿长到六个月就会讲话了。说会讲话其实有些夸大，她讲的话不过一个字，那就是当别人叫她名字时，她能清脆地回答一声：

"呃！"

妈妈到县里参加"清理阶级队伍"动员大会时，当然带着这个吃奶的婴儿。知道这婴儿会"说话"的女教师，每个人都要跑到她跟前唤一声：

"欣欣！"

她百试百中地回答一声：

"呃！"

这给大伙儿带来了欢乐。有的女教师，可能一天两三次前去逗孩子，这使照看孩子的大娘十分开心。

欣欣的妈妈却另有心思：孩子都这么大了，还没见过姥姥、姥爷，甚至相隔不远的爸爸。她既没见过面，也不知音讯。趁县里有照相馆，带孩子去照张像吧，以后也好让大家知道，孩子是从这个时候开始学说话的。

一天晚饭后，妈妈就抱着孩子去了照相馆。一位"路线觉悟高"的年轻女教师，晚饭后闲暇无事也来逗弄孩子。得知孩子的妈抱着她去了照相馆，立刻促发了"革命"灵感，提笔写了一张质问大字报：

"清理阶级队伍之机，不好好检查问题，抱着孩子去照相，是何居心？"

这位写大字报的大姐，无疑是位"根红苗正"的本地贫农，她们全家都在本地，当然不能体会天各一方的牵挂和思念。

王勇在专政队待了将近一年。专政队因"主义兵"挨整而"壮大"，也随着"主义兵"被公正对待而"缩水"。章世杰、余国庆、小贾、王勇和其他两三个"主义兵"成员先后离开了专政队。不久，市里恢复了公、检、法等政府部门，所谓实行 群众专政的 专政队干脆取消了。生活进入了比较正常的轨道。

军、工宣队换了一批又一批。两年以后，新军宣队进驻学院了，他们的"支左"观点恰与原军宣队相反。经一段调查研究，想重新起用王勇。要求他在学校活学活用毛泽东思想的大会上发言，谈谈自己在"八•一八"派性掌权期间，遭受残酷迫害，却能活学活用毛泽东思想，坚信毛泽东革命路线必然胜利的心得体会。系军宣队负责人启发他说：

"咱们系好几个教师、干部，都因'文革'中遭受残酷迫害自杀了。你也遭受同样的迫害，但能坚强地活了下来，一定是活学活用了毛泽东思想，坚信无产阶级革命路线必然胜利的结果。"

王勇淡淡地笑了笑，说：

"哪有那么高的觉悟？不过担心：如果自己一死了之，将来老婆、孩子成了反革命家属，难做人罢了。"

王勇的这番话，没从"纲"上看问题，路线觉悟太低，惹恼了系军宣队负责人。其他队员，也做他的工作，他还是说那些没觉悟的话。既然是草绳串豆腐--提也提不起来，军宣队也就放弃了原来的 打算。

正在此时，系里出现了一件意外事件：原"八•一八"学生头头周有才，田为民曾答应过他，复课后，到毕业分配时让他留系作团总支书记。学校搬迁到B市后，田为民感到这名学生成了自己的包袱，担心新军、工宣队在审干时，通过他调查自己在"文革"中的表现。他强烈感受到，自己坐上系革委会主任这个位置，是军、工宣队不得已的做法，因本派教工力量太强了！对立面虽被整得灰头土脸，他们一定撺掇支持他们的新军、工宣队，会在背后收集整自己的材料，将自己搞下去。周有才的存在，是对自己的威胁，因他干的许多坏事，都有自己的幕后参与。因此，在系革委会研究学生分配方案时，田为民首先提出，将周有才分到家乡所在地当中学教师。

当工宣队找周有才谈话，提到他的分配去向时，他一听就火了，表示不接受这样的方案，说这是"派性"整人。工宣队员说，这是系里领导的集体决定，包括田为民主任也是这个意见，怎能把集体决定当作"派性"意见呢？

谈话后，周认为是田为民为保住本身名位，出卖了自己。一怒之下，在系课室楼墙上贴出了"看田为民是什么货色？"的小字报。揭发了田为民不少问题。 其中涉及到王勇的有：

"文革前夕,田为民身为党总支副书记，本可协助王勇老师解决夫妻团聚问题，但他首先把自己家在农村的妻子调进本系，却让王勇老师本在省会城市工作的妻子调到县里。在要把王勇老师打成'现行反革命'时，他策划'半夜三更出成绩'，要我们一定要逼出口供。还说，'要可怜过冬时冻僵的蛇，早晚会遭蛇咬'……"

这张小字报在系里引发了轩然大波。田为民找军、工宣队，声称周有才为达到留系目的，血口喷人，要求军、工宣队为自己伸张正义。

为稳定局势，军、工宣队采取了三项措施：

一、原两派学生头头，一概不得留校；

二、为教师们办点实事(包括王勇的家庭团聚问题)；

三、田为民身为革委会主任，即算小字报或有过火之处，也应认真做自我检查，向群众交待。

组织的信任和重视，曾经是王勇的理想和追求。走过"文革"这段人生历程以后，切身体验到挨批斗的痛苦，亲见周有才跟田为民"狗咬狗"的斗争，深刻感受到争权夺利，彼此相斗带来的恶果。现在军、工宣队的信任和重视重又向他招手。但对他来说，这一切似乎不再重要了。也许他有了新的理想和追求？他自己也弄不太清楚。但他在走过死荫的幽谷时，也曾见过爱的火花，带给他生的勇气。但愿"爱的火花"能照耀他日后的人生。

"傻帽儿"搬家记

Moving of the Silly Girl

　　寒冬腊月，飞扬著鹅毛大雪。从县城通往偏远村庄的土路上，"突，突，突"地走着一辆拖拉机挂斗车。在这四顾荒无人烟的严冬雪天，是什么十万火急的任务，迫使司机远程行车？看拖车中堆挤着的家具和厨房用品就能明白：是有人搬　　　　　　　　　　　家　　　　　　　　　　　　　　。什么人家选择了这么个"黄道吉日"搬家呢？那你就慢慢看吧！

　　驾驶室内右侧，挤坐着一位中年妇女和一位白发老大娘，老大娘怀抱著一个啼哭声尚十分柔弱的婴儿。再往后看：斗车中的空隙坐着一位撑伞的壮年男子，依偎在他身边的是两个女孩，大的不过七、八岁，小的才两、三岁，还用棉被裹着呢。遇到风起，小女孩就把头往爸爸怀里钻。遇到颠簸，小女孩就哇哇乱叫，爸爸就替她再整理棉被。壮年男子隔一阵子就要问问司机：离目的地小李庄还有多远？

　　过了中午打尖的小饭铺，又走了两个小时，小李庄仍未见踪影。

　　车上的成年人除了中年妇女以外，全都口出怨言了。司机说：

　　"你们学校的头头够缺德了。赶着这冻死人的天，让老师搬家，连我们也跟着受罪。他们自己，这会儿准那儿围炉向火呢，搞不好还得来两盅，喝点小酒……"

　　白发老大娘不等司机讲完，忙接上啦：

　　"哼！说得比唱的还好听，啥支援边远地区，不明摆着像'林冲发配'吗？"接著，她转向中年妇女：

"你呀！也忒老实了。孩子刚满月就跟着你'下放'。到了，还不知道有奶没有！"说着又抱起孩子亲亲、拍拍。

壮年男子说：

"快过年啦！哪家在外做事的，不忙着往家赶？不管穷、富都得备点年货，准备过年。"接著又专门转向中年妇女说：

"你们学校倒好，数九寒天下大雪时让搬家，从县城赶到那穷乡僻壤，让孩子、让大娘也跟着受冻！"

老大娘接碴儿说：

"是啊！要不是冲你们两口人实在，孩子又小，我才不到这么远的'兔子不拉屎'的穷地方来呢。"

心情满好的女主人发话了：

"大娘，李冰，来了就别发牢骚了好不好？校领导也有人家的难处。学校没车，订好了县里的挂斗车，订好了开车的时间，能赶上下雪就退车，谁赔偿损失呀？李司机，让你跟着受罪，我给陪个不是。到了，让我们李冰陪你喝酒！"

她望了望窗外的大雪，接着又说：

"瑞雪兆丰年啊！咱们要看着雪，心里想着明年的丰收，心里不就舒坦了吗？"

这位女主人名叫刘玲，她从打记事的时候起，就跟着妈妈住在外祖父家。外祖父在她心目中有很高的位置。拿调动来说吧！她原在南方城市工作。为了和丈夫团聚，外祖父让她从南方调回北方，而且去的不是丈夫所在的大城市，只是邻近的小县城，她居然同意啦。因为外祖父说：人要趁年轻时候到基层去，越到基层越得锻炼。这不，这次她又带着仨孩子，支援边远地区来啦。

1961年，国家因"大跃进"伤了元气，粮食紧张，许多项目纷纷下马。刘玲所在的"师专"也要由原先招兵买马，准备升格为师范学院而搜罗人才，转变为遣散非本地员工。对调入不久的年轻大学生们，要求他们自谋出路。刘玲的丈夫虽在北京念研究生，但没有过硬的社会关系，当然不能把妻子调进北京。他的家乡也闹粮荒，一个研究生一个月的工资，也就够买一百个鸡蛋，或二十五斤萝卜干，母子在那里生活也会困难。为保母子平安，李冰动员怀有身孕的妻子回南方家乡，那可是鱼米之乡啊！

刘玲回家乡后，住到外祖父家。外祖父是高级民主人士，是省级领导干部。见到他待产的外孙女在家闲住，自有负责统战的人士穿针引线，安排到相应的学校任教。生完孩子后，刘玲当然想积极工作，报答"党的恩情"。但外祖母告诉她：某位与外祖父存在竞争关系的"通天人物"说了话，认为刘玲调回省城是依靠了外祖父的关系，这是她外祖父"跟无产阶级争夺接班人"。唉呀呀，这么大的帽子压到外祖父的头上，叫刘玲如何担待得起呢？好在她从来认为：此处不留爷，自有留爷处。三十多岁的大学毕业生，不怕吃苦，哪还不能找到个安身之处？孩子稍长，她就放弃了省城户口，调回了北方临近丈夫的小县城。

挂斗车在风雪中前进的同时，司机口中骂为"缺德头头"的那位校长大人正在干嘛呢？你猜怎么着？还真叫司机说中啦！这不，他正手拿酒杯，坐在小火炉边，给自己庆功呢！

从打县里领了向边远地区支援一名教师的任务后，他校长大人就犯愁啦。这年头，谁听谁的呀？这"文化大革命"的六十年代末，是来回"烙饼"的年代，可不比党指向哪里就打到哪里的五十年代了。"文化大革命"一开始，自己这一校之长，虽成功运用"反右"经验，有样学样地打了个"三家店"，利用群众运动，把跟自己持不同意见的三位老师打成反革命，暂时稳住了自己的领导地位。但批"资反路线"以后，仍然没有躲过"斗争党内走资本主义的当权派"的矛头。不光自己零零星星的渣儿碴儿，被群众抖落得一清二楚，就连自己老婆的老底儿，也被抖落个底儿朝天。这阵子，虽说实行了"三结合"，自己又当上了"革委会主任"，但这支边的苦差事，你能拨拉动谁？

把学校二十来名教师拨拉来，拨拉去，真让他怵头！拿老赵来说吧，他快到退休年龄了，本身有历史问题不说，也派不上多少用场了。把他拨拉出去倒是"正合孤意"。可凭自己目前的处境，能拨拉动这根"老油条"吗？退休对老赵来说，是他盼望了十几年的归宿。要在这个时候断了他的归路，好比要夺取"白娘娘上仙山盗来的灵芝草"，他必定跟你拼个鱼死网破。"地主崽子"黄建国呢？不行！别说他在教学上是一把手，何况还连着他那一口子呢。县里跟咱要一个，咱还能赔上俩吗？

翻过来，调过去，左衡量，右掂掇，最后相中了刘玲！

刘玲是教师中唯一的一名大学毕业生，教学也不错。让她去，学校在向上级汇报时，可以在"抽调优秀教师，支援边远地区"这一点上做足文章。再说，刘玲是放弃南方城市户口，到北方小镇工作的。这人有些傻气，做她的工作和其他人比较起来，相对要容易得多。当然，这时候让刘玲挪窝儿，未免有点儿缺德：人家刚生了孩子，还没到满月呢。但俗话说得好：无毒不丈夫。自己要婆婆妈妈的，心慈手软，连这么点子事儿都处理不了，还当什么一校之长？再说，她男人现在还在"干校"猫着呢，本身还是"泥菩萨过江，自身难保"。量他也不敢在老婆的问题上，说三道四，指手划脚。只是，她一个女教师，又拖着仨孩子，这事儿先得闷着，别捅了出去，惹起跟她要好的帮她说话，得找个合适机会速战速决。

主意拿定以后，校长在学校各处转悠，在和学生、教师谈话时，悄悄地积累关于刘玲的资讯：性格、脾气、爱好……要论做思想工作，校长大人确是有一套。他知道，越是资讯丰富，越容易做到"一箭穿心"。只有摸准了对方的脉膊，才好下药。

不久，刘玲的丈夫前来探亲。趁他们家的小儿子过了满月，李冰的假期只剩下一周之时，校长找刘玲谈了教学支边的事。

"刘老师工作负责，学生们很满意啊！"把刘玲请进办公室坐下，校长给她倒了杯水，客客气气地捧了这么一句。

"文化革命"时期，刘玲见惯了"打倒""砸烂""批斗"那一套，对这么文明的谈话，反倒有些意外。瞧了校长一眼，继续等待下文。

"不少人说，刘老师笔杆子满硬的。"校长这句恭维话，其实不是听来的，是自己的观察心得。"文化大革命"期间，到处是大字报，谁的文风不在大字报里显现出来？

刘玲作为文科大学毕业生，写大字报，编文艺节目，都还有点儿文采。希望能在写作方面有点儿发展，的确是她内心的期盼。

"眼下倒有个锻炼的机会，不知道刘老师愿不愿意尝试一下？据我所知：凡有成就的作家，先都得有个生活基地。丁玲写'太阳照在桑乾河上'，周立波写'暴风骤雨'，哪位不熟悉农村？"

接着，校长把县里"抽调优秀教师，支援边远地区"这一任务的光荣与艰巨，绘形绘色地描述了一通。他又结合自己的亲身经历，讲了些老战友在艰苦环境中成长的实例。

谈话使刘玲感觉到校长是赏识自己，才跟自己谈到这个艰苦的锻炼机会的。何况他还许诺：边远地区不如小镇子交通方便，生活也艰苦些。工作一年以后，刘玲如果愿意回来，只要给他来信，他会设法安排。

刘玲当即表态同意以后，校长又趁热打铁，把搬家日期，向县里定车等事，一一当面敲定了。

　　三天之后,校长起了个大早,亲自点燃了办公室的炉火,安排了热热闹闹的欢送……于是,我们就看到了开头的那一幕。

　　一场如果安排不当,可能出现争争吵吵、哭哭叫叫的闹剧,让我们这位"大导演"安排得如此出色,成了一出用教师的模范行为,教育学生坚决服从党的领导,走革命化道路的正剧,我们的校长大人,当然要为自己的领导才能干上一杯!

　　天傍黑,拖拉机进了村,李冰跳下车就去找大队部,找来了贫协主席。他领着拖拉机开到一个小胡同口,指着一处泥房说:

　　"这儿是光棍儿张大春家,他参军走了,一时半刻回不来,你们就住这空房吧。"

　　贫协主席说着帮司机卸了车,然后领司机去大队休息,把剩下的一家人留在了他们新的"家"。

　　这个新家,共两间房。进了门是堂屋,地上撒满乱草。门边是锅台,连着里屋的炕。进到里屋,靠窗是条横炕,中间还塌了一块。窗户框倒还完整,但没有玻璃,是贴的窗户纸。窗户纸尽是破窟窿,冷风直往里钻。

　　刘玲望着这个新家,顿时一颗心像掉进了冰窟窿,连收拾也不知道从何着手。好在她傻人有傻福,身边的人都能干。

　　保姆大娘把孩子交给她,从外屋地上捡了块破草席垫到里屋炕上,让她和孩子先坐下。自己向李冰要了盒火柴,划拉着地上的乱草塞进灶膛就烧炕。虽然屋里有点烟,但看到火光，也觉得有了一丝暖意。大娘随后又拉着头大的孩子一起，到邻家借了一桶水，倒进大锅，烧了一锅热水。这才让刘玲找出脸盆、毛巾，帮孩子们洗洗手脸，烫烫脚。最后把锅里的开水淘出来灌进热水瓶。接着又就着剩下的开水煮了些热面汤，大家喝了，这才开始暖和过来。

说话间，李冰从大队要来了窗户纸。大娘用马勺伸进灶膛里打了些浆子，两人相帮着糊好了窗户。这才打开行李铺炕，打发孩子们睡觉了。

第二天一早，李冰起来先挑水。大娘起来没烧炕，却到外面捡了些干树枝点炉子。刘玲是吃商品粮的国家职工，凭户口可以到供销社买煤，但不是当地社员，不能从当地分柴火。昨天刚到，大娘胡乱划拉了堂屋地上的乱草和屋角剩下的一小堆秫秸，算是应了急。往后，可不常有这么痛快烧炕的机会了啊。——俗话说"傻小子睡凉炕，全凭火气壮"，我们这位傻大嫂，产后拖儿带女，没有傻小子的壮火气，日后就因睡凉炕，得了严重的风湿。但那是后话，这且按下不表。

家，有大娘和李冰照料。刘玲洗漱完毕，就去学校报到。

学校在村头。出了胡同口，向右一拐，再走几十步，下个小坡，这就到了。

一高两低三大间泥坯房组成了学校。高处的这一大间，是新办的初中班。低处的两大间，是小学班，隔着一个小操场相对而立。这个操场既是上体育课的场所，也是孩子们课间游戏的地方。

刘玲走近学校时，看到大点的学生仨一群、俩一伙拿着大字报，似乎指点着她，在议论什么。她向学生们微笑点头，有的转身走了，有的小点的学生，对她做鬼脸。对于这样的"欢迎式"，刘玲抱着见怪不怪的态度，转脸寻找办公室。

办公室在东边房屋的中间。敲门进去，一位四十多岁的中年男子接待了她。此人就是该校的刘校长。双方简单作了自我介绍以后，校长嘱咐她先安排好生活。例如，买粮要到十里以外的扬闸，那儿有粮站。现在，先要去办好粮食关系。也要认认供销社和村里的水井。教学工作开始以后，时间很紧，现在先要作好准备。到时候，可不能因为开门七件事（柴、米、油、盐、酱、醋、茶）影响了工作。

她要求校长先给介绍一下本校的教师，校长则说：

"你先不要和教师们进行个别接触。关于工作安排，等管理学校的贫协主席通知以后再说。"

校长的谈话，使刘玲感到：自己是被当成了外人。刘玲曾有过在农村学校工作的经验。那是在刚大学毕业时的六十年代初期，她被分配到一所师范学校。当时校园里广播她朗诵的课文，同学们组成的乐队为她伴奏，师生还在晚会上一起表演歌唱，彼此关系多么融洽！现在，怎么这么个样子？但她相信：农村需要文化，孩子们需要学习，这一切将会慢慢改变的。目前，她只能先回家"安排生活"了。

刘玲回到离家不远的地方，就看见家墙上贴满了大字报。走到近处一看，净是些"刘玲必须老实接受贫下中农再教育！"、"刘玲必须夹著尾巴做人。"之类并没什么实质性内容的大字报。她感觉到有点不对味儿。但新来乍到，找谁去说理，到哪儿去说理呢？

贴大字报那倒没什么，在那个时代，这一套司空见惯，发扬"阿Q精神"，装作看不见就完了。只是政治上陷入孤立，也就交不到朋友，人生地不熟，生活和工作上的困难，肯定更多啦！电影"乡村女教师"中，女教师眼见一名妇女被醉汉追赶，拼命奔逃的镜头，掠过她的眼底。女教师没被险恶的环境所吓倒，反坚定了办好农村教育的信心。我刘玲既然来支边，也不能被不知什么人搞的"下马威"吓倒。自己过一段，也会能摆脱困境的。

按"文革"的情况说，刘玲从初期被打成"三家店"成员，不久就平反了。以后决心当"逍遥派"，过自己家的小日子。前年添老二待产时，医生让李冰在产房外整整坐了一个通宵。要他坐等的原因是：产妇羊水已破，胎儿"朝珠绕脖"，万一难保母子平安，只能娘俩留一个时，是需要他做决定，签字负责的。

既然有过如此经历，为什么妻子再次生产，李冰却没在跟前呢？他，作为一名"五七战士"，当时正在执行"林副统帅一号命令"，被当作劳力，在学校办的干校，为校本部疏散到当地的人口，收拾并安排住房呢。

"聊斋"里有个故事：泾河老龙和洞庭龙君在高空鏖战，他们在云围雾绕中缠斗厮杀，云雾笼罩下的土地，顿时水深数尺。不知淹没了多少生命财产，牲畜良田。中国之所以被称为"灾难之国"，权力斗争对社会的危害，不能不说是个重要原因。从汉朝的"七王之乱"，到"文化大革命"中斗倒并整死国家主席刘少奇，概莫能外。

"聊斋"故事与我们的"傻冒儿"有什么关系呢？

她是个小人物，偏赶上"文化大革命"这样的"大时代"，一连养活俩孩子！我们不是说挂斗车的驾驶室里的老太太怀抱一个婴儿么？那年，中国出生的婴儿多着呢，但不易找着刚满月就跟他妈"下放"的。举例说吧，那年出生的婴儿，很多都叫"欢九"、"红九"、"庆九"……什么的，那些名字中挂个"九"字的，表明了他们的父母紧跟形势。因为那一年，中国共产党召开了第九次全国代表大会，并在党章上写明："林彪同志是毛泽东同志的亲密战友和接班人。"把自己的孩子叫做"欢九"、"红九"、"庆九"，表明了这些父母，对"九大"召开这一历史事件的关怀和记念。可我们的傻冒儿，在"文化大革命"时期能养活孩子，却不会紧跟形势，给孩子起的名字里偏没有"九"字，难免就让孩子受牵扯了。

那一年，林彪被确立为"毛泽东同志的亲密战友和接班人。"成了副统帅，当然要扬威。他在1969年10月发布了"林副统帅一号命令"。随后，全国实行战备疏散。李冰所属大学，在执行命令方面十分坚决。为了避免"苏修"可能经蒙古向张家口出兵，进犯首都，驱兵直下，便实行紧急搬迁。在搬迁中，有的实验室仪器，来不及装箱的，就从三楼、四楼的窗户往外扔。当然，遗失或摔破是免不了的。但那不过是"十个指头中的一个指头"，也是不容怀疑的。

那时，流行一段顺口溜："一在职，二外调，没人要的上干校。"当时，李冰正在干校，不过并非"没人要"，而是接待从T市疏散出来的本校人员。人员分两类：一般身分的，按家庭为单位，各自居住。专政对象，属敌我矛盾按人民内部矛盾处理的，编入连队，与"五七战士"同住，以便实行监管。对这一部分监管对象，到达之时先开批判会，以示区别对待。

经历过"战备疏散"实战演习的李冰，看到妻子进村后村里的接待情况，心想：这哪像欢迎"支边教师"？倒像对待"监管对象"。她是不是犯了什么政治性错误？可从欢送的情况看，没一丁点儿迹象啊！李冰怀着狐疑的心情帮着泥了房，补了炕，买了粮食和煤。又望了望没有瓦片的泥皮屋顶，心里琢磨着：开春后，得赶在雨季到来之前来泥房。要赶上下连雨，她们娘儿几个，不得在雨水里睡觉啊！带着对妻儿的惦念，李冰返回他所属的"废品处理站"去了，要不，谁管饭呢？

李冰走后，刘玲的工作任务下达啦。 安排工作前，校长对她表示了歉意：这儿是县边远地区，消息不灵通。刘老师刚来时，治保主任说：接到过县里的通知搞战备疏散，会下来一批被"监管人员"。管校代表说：县里打过招呼，要来一名"支边教师"。刘老师究竟是"监管人员"，还是"支边教师"？当时情况不明，书记拿了主意："'左'是思想方法问题，'右'是立场问题，情况不明就先按'监管人员'对待吧。"所以又贴大字报，又安排人监视。事情既然过去了，也别往心里去……

刘玲的工作任务很重。教初中班的代数和化学，小学毕业班的语文，还有三个班的唱歌。每天平均五节课，远远超过了初中班按一个班级两名教师编制的正常工作量。好在家里有大娘，她也就只回家吃口饭、喂个奶，喂完了孩子就往学校奔了。每天晚上回到家，浑身像是散了架，常是倒头就睡，连讲话的精神都没有啦。

刘玲很少管家，有时去挑几担水，晚上累得还得大女儿小萍帮她脱裤子，才能钻被窝。她带着婴儿睡，娘俩一个被窝，孩子夜里醒了，衔著妈妈的奶头，也就不闹了。大娘把这一切看在眼里，真担心刘玲累得连奶水也没了，孩子受罪不说，一家人连晚上睡个安生觉也做不到了。她竭力哄着小萍帮家里做事。小萍在学校上二年级。她放学早，午饭后到学校转一圈儿，就回来啦。八岁的孩子，当然挑不动水。大娘让她找同学帮着抬，家里用水也尽量节省着用。居然一家五口的吃水、用水，主要依靠八岁的老大解决了。

再有就是买粮。李冰来了，自然是他的任务。但因交通不便，坐四个多小时的公共汽车以后，还要步行十好几里地才能到家。骑车就更不用想了，靠周末根本不能打来回，要来就得请假。虽然明知家人生活有困难，李冰也只好少来。

刘玲平日去买粮，常是在粮站办好手续，托粮站的工作人员遇到便车，给捎到村里。 一次，刘玲腰痛得利害，走不了远路。家里又没有粮了，大娘跟八岁的老大商量，孩子便带着粮本上路啦。走到半路，遇到大队会计。会计的女儿是初中班学生，当然认得女教师的女儿。他见到小萍问长问短，知道是妈妈有病，她来替妈妈买粮，觉得自己倒也能帮忙，便用自行车把小萍和她买的粮食，一起带回了村里。

这件事让大队会计了解到：新来女教师的家庭生活的确困难。他在大队部见到贫协主席就嚷嚷开了：

"好你个管校代表，你是怎么管校的？新来的女教师病啦，让八岁的女儿去买粮。亏得是我碰见，把她给捎回来了。要是碰到什么坑蒙拐骗的家伙，把孩子给拐走了，你怎么交待？"

贫协主席和大队会计不但是表亲，平日两家也走得很近。他听了大队会计的话，不仅不反感，反觉得很有理。但事关上级指示和自己分管的工作，又不得不解释说：

"管你的会计去罢。我们学校的事，不用你狗拿耗子——多管闲事。你又没上县里开过会，你懂个啥？县里交待过：这帮知识分子复杂着呢，什么干伪事儿的，三青团、国民党什么的都有......"

大队会计说话不饶人，不等贫协主席说完就嚷嚷开了：

"三十几岁的娘儿们，又拖著仨孩子，能干什么伪事儿？到哪儿入三青团、国民党？你别脑子有毛病吧？"

贫协主席没了词儿。赶巧，邮递员送来信件，两人停止了争论，一同检视邮件。不多的邮件就有三份写着刘玲的名字，都是寄自外省：一个包裹，两封信。

大队会计"将"贫协主席的"军"说："好材料，送上门的好材料！快查查吧，兴许藏著联络图呢。"

　　贫协主席被大队会计所激，真正拆开了较厚的那个信封。嘿，巧啦，信里还真藏著一副地图，还兴许是外国的。

　　当时，谁都知道毛泽东的最高指示："阶级斗争是个纲，纲举目张。"大小领导都要求革命群众不能当"小牛踢灯派"。什么是"小牛踢灯派"？据说有个生产队的母牛下了小牛，队长派民兵加强警卫，以防阶级敌人破坏。这民兵脑子里没有绷紧"阶级斗争"的弦，阶级敌人混进了牛棚，把灯踢翻了他也没觉察。当治保主任路过，查问灯为什么不亮时，他回说是小牛把灯踢翻了。结果，母牛和小牛都被阶级敌人害死了。有鉴于此，所以上级指示人们不要当"小牛踢灯派"，要注意阶级斗争新动向，要警惕偷越国境的阶级敌人，要警惕化成美女的阶级敌人……

　　一个外来女教师，怎么说也不是"自己人"，发现了地图，两人都感到有些意外。大队会计也失去了开玩笑争辩的兴致，一致决定：向书记汇报情况，召开支委会研究对策。

　　支委会作了三项决定：

　　第一、支部书记次日就去县里开会，乘开会的机会，顺便到"文教办"了解一下刘玲的情况。

　　第二、贫协主席抓紧在最近两天，全面深入了解刘玲来村以后的表现。

　　第三、刘玲的信和包裹，暂不交给本人。候书记回村开过支委会后再作处理。

另外，大队会计也提出，他的妹夫在刘玲原工作的学校当厨师。到他妹夫家坐坐，准能知道更多关于刘玲的情况。

三天以后，赴县开会的书记回村了。在支委会上，他汇报了在县里了解到的刘玲情况。他先到了"文教办"，询问有关最近下放教师的政策。县里说根据上级支援老、少、边、穷地区发展教育的指示，要求各校选派教师。同时，又在贯彻、执行毛主席"给出路"的政策，要求处理好一批有问题、但又不属于敌我矛盾的教师。态度好的，留校任教；态度不好的，支援边远地区。这两件事儿有所交叉。但具体问到刘玲有啥问题时，办事人员就说不清了。

书记请办事人员查阅刘玲的档案，大致了解到刘玲的父亲是大学教授，母亲在医院工作，没有兄弟姐妹。因父母离婚，自幼独自在外上学。"文化大革命"前夕，是为了离丈夫近一些，从南方某市调到本县。至于"文化大革命"中的表现，档案里就没有记载了。

从"文教办"出来，大队书记到大队会计的妹夫家吃晚饭。边吃饭会计妹夫边叙述学校的故事。按他的形容，学校是"庙小神灵大，池浅王八多"。干过伪差使的、作风有问题的、帮着头头整人的、和女学生不干不净的……有各种问题的人很多。至于刘玲，她倒没什么，就是脑子简单，不大懂事。"文化大革命"期间，她在"资反路线"那会儿，有一段被打成了"反革命"，以后平反了，就成了"逍遥派"。这不，一连养活了两个孩子。

书记问：

"县里说安排下去的选派教师，是支援老、少、边、穷地区发展教育的。她没啥问题又刚添了孩子，为什么单安排她下去呢？"

会计妹夫的回答很干脆：

"当替死鬼呗！你想：这几年学校来回'烙饼'，烙得谁还肯'听党的话'？校长没威信，他能拨拉动谁呀？'柿子拣软的捏'，不也该轮着她刘玲吗？头头几句屁话就把她打发走了，大家伙儿背后都议论她'傻冒儿'呢。"

支委们听了书记的介绍，再联系刘玲来村以后，整天守在学校忙，以致抬水、买粮这些家务话儿，有时要由八岁的女儿找人帮着干的情况看来，的确像个容易被人捏的"软柿子"。

大队会计又补充了他最近遇到的一件事。队里办的小厂子的产品要外销，早两天关系户中来了不少人，队部派了二队队长的儿子李庆华去捞鱼，好招待这些客人。庆华捞完鱼，非要买两斤给他们老师送去。庆华说：

"我们老师整天守在学校忙，孩子还才几个月，该喝点鱼汤发发奶。"

对这件事，会计分析说：

"庆华才十几岁，他心疼老师，准是老师待同学们好。"

贫协主席带来学校的反映也是，新来的老师很负责，工作很努力。

那么，信件和邮包，以及信中夹带的地图又是怎么回事呢？

大队会计从柜子里拿出三天前收进去的邮包和两封信，大伙儿凑到一起重新看了看这些东西：夹带地图的信和邮包的地址一样，都是寄自南方某省的人民医院。信封上的字迹很娟秀，信写得很长。书记根据对档案情况的了解，估计寄信人应当是刘玲的妈。另一封寄自某大学，而刘玲的爹正好是大学教授。

为了弄清情况，书记拿着信和邮包，去了刘玲家——今儿是星期天，学校不上课。书记把信和邮包交给刘玲，道歉说：

"民兵们值班，闲得无聊，私拆了老师的家信。我说了他们，把东西给送过来啦。"

刘玲一面让书记在炕沿坐下，一面张了一眼信和包裹，随手把信和包裹放到炕桌上说：

"喝！我爸、我妈都给我来信了。还劳书记亲自给我送来，真是多谢了！"

书记证实了第一个问题，接着说：

"民兵们讲，他们在拆开了的那封信里，见到一份地图。"书记的话显然是启发刘玲，他想知道那是什么。

刘玲也不回避，把妈妈的信抽出来，把地图摊到炕桌上，看了一眼说：

"啊，中东地图，看报用的。"接著稍微进行了一下解释：

"我在南方的时候，看到报上讲世界产油国的问题，一大堆国名都不知道在哪儿。我妈在医院图书室工作，给我写信时正好见到这么张地图，就顺便给我寄来啦。"

　　书记原以为，在医院工作，准是当医生，没想到医院还有图书室，那么刘玲的妈是"职员"，成分不算高。她们城里人识文断字的，见天坐在屋子里，就兴个读书看报什么的。这地图的事，也还说得过去。

　　"这是什么？"书记瞅着邮包问。

　　刘玲拿出剪子，剪开邮包拿出几块穿着绳子的，黑乎乎的东西说：

　　"腊肉和洋鸭，我们家乡，就兴吃这个啦。"

　　"好几千里地寄吃的，这不有点多余吗？"书记心头，一下闪过这么个问题。但看到刘玲身边躺着的孩子，想到庆华给老师买鱼的故事，这个问题很快也消除了。"儿行千里母担忧啊！"他想到。这个好几千里外寄来的邮包，仿佛让书记看到了一位在遥远城市的老太太，对她独生女儿和外孙的思念。

　　剩下的是刘玲父亲的信啦。刘玲也当着书记的面，打开了这封信，而且抽出了一张三百元的汇票。

　　三百元，这在当时是个很大的数目了！根据书记掌握的情况，这相当刘玲半年的工资。在大队里，除了小厂子有上百的资金周转外，哪个队也一下拿不出这么多钱！她要这么多钱做什么？准备外逃？……不可能。别说这儿不在国境线上，就算靠着国境线，就凭她这么一个妇女，外带著从半岁到八岁的三个娃娃，能跑到哪儿去呢？再说，她家孩子的爹不就在本县临近的城市吗？她从南方城市调到本县，不就是为和丈夫团聚吗？

"她起码应该和丈夫团聚。"书记心想。但他还有一个没提出来的问题,那就是:"她爸寄那么多钱给她干什么?她花得了吗?自己儿子该娶媳妇啦,聘礼还没着落呢。他们城市人,真是见吃见穿,不像咱们庄稼汉啊!"可他也没把这钱的事往外宣扬。他捉摸,在问题还没弄清以前,万一让社里、县里知道了,教我们当"阶级斗争新动向"来抓,那刘玲可就苦了!也断了我缺聘礼钱向她借债的路子。一个外乡女子,带着三个孩子到自己村里教学,自己是一村之主,可不能干那损人不利己的事儿。

大队少不了有些文书工作:往上报材料啊,写个宣传、批判稿啊,混熟了以后,会计和书记断不了找新老师帮忙。遇上这摇笔杆子的事,新老师倒是不犯愁。特别是整理村史时,她对日本侵华时期,在华北地区实行"三光政策"的情况,增添了感性认识。

日本子占领华北时,有一支下乡扫荡的部队,在小李庄遭到伏击。鬼子红了眼,调集了更多大部队来屠村。杀光了小李庄百多口百姓,又来屠临近的一个大村子。当时这村子里有几百人,除了逃出去的外,全被杀光了。逃出去的三个人返回村后,从死人堆里找到两个受了伤没断气 的。劫后余生的五个人,以后重建了村子,把 村子叫做"五家村"。

建国初期,小李庄才二百多人,现在已经千多人了。二百多人的村子,二、三十年功夫,人口增加到五倍。土地还是那些土地,自然人均占有土地量是越来越少啦。刘玲写着村史，联想到方志敏写的"可爱的中国"，不禁叹息："我可怜的、贫穷的母亲！"

　　将近年底，刘玲带着三个孩子，一起回了趟南方。书记担心女教师有钱没处花的疑问，随着解开了，心想："他们家是把钱都交到铁路局和请保姆啦！"

　　快过年了，书记为儿子娶媳妇的聘礼钱还没着落。老婆发火了，抱怨他没本事，再不想办法，会耽误了儿子的婚事。没辙的时候，书记想到了刘玲。按他对这位"傻冒儿"的了解，一提儿子聘礼还没着落，她准会相助，而且真心实意。可借钱容易还钱难啊，自己挣的是劳动工分，没其他进项，拿什么还？还不成就得老拖欠着，时间长了，还有什么脸面见人家？

　　"文化大革命"中，书记和生产大队的其他干部，刚把"天、地、君、亲、师"的牌位从神龛上搬下来不久，但尊"天、地、君、亲、师"的意念远未消失。书记忽然想到：刘玲家保姆老大娘没有口粮，她家是五口人吃四口人的粮，是地地道道的缺粮户。我为什么不可以从大队粮库调些粮补贴她家？当然啦，这事儿得队委会讨论通过。通过估计不会有问题。真补了她家口粮，这位叫人捏惯了的"软柿子"，一定真心感谢"党的关怀"。我就是拖一段再还她的钱，她也不会催要的。不出书记所料，我们的"傻冒儿"，果然把书记的"关怀"当作自己教学工作的动力，对"党"感恩戴德呢！

　　李冰虽是带着满腹狐疑和无可奈何的心情，离开妻儿，返回干校的，但仅两个多月后，他就如愿地赶在雨季前，请假回村探望妻子和儿女来了。

　　从T市没有公共汽车直通小李庄。李冰和从老家叫来的侄儿，赶早乘公共汽车先到了新庄，下车后再步行了十多里路，傍午时分，到了小李庄村头。他远远地望见，一个小孩坐在村头的土疙瘩上晒太阳，走近一看，是自己家的老二。便把手中的行李交给侄儿，过去抱起了女儿，一边走一边问她：

　　"怎么自己一个人坐在这儿？姥姥呢？"

　　"抱弟弟。"小姑娘没有回答第一个问题，对第二个问题的回答虽简单，但声音轻轻地。

　　李冰知道农村普遍重男轻女，老大娘也不例外。她宠小三，对老二难免有点忽视。准是惹老二不高兴，便自己跑到村头来了。

　　"妈妈呢？"李冰接着问。

　　"上班。"小姑娘仍然轻轻地回答。说着，还用小手指了指学校的方向。

　　"上班"这两个字，带给李冰很大的安慰。还好，没被安排在生产队监督劳动。

　　说话间很快到了家，老大娘把老三塞给李冰，就给他们张罗午饭去了。

　　老大娘到动作麻利，她一边做饭，一边向李冰吐苦水，说：

"咱们这位刘老师，工作起来，就不顾家，光知道傻干！在镇里教书时这样，'发配沧州'到这个穷地方，还是白天黑夜接着干。你说，她得了什么好？还不是穷挨累，好在小三儿这'没娘的孩子'，长得爱人。"

李冰低头看了一眼怀抱中的婴儿，他正咧嘴一笑。还没长牙的小嘴咧开，笑得那么稚嫩，那么甜，引得李冰禁不住往小脸上亲了亲。

大娘见李冰亲孩子，比听到夸自己的话还高兴。接着发表她的演说：

"她妈呀，除了回来给孩子喂口奶，没见她抱孩子腻乎过。学校呢，好像装作不知道她家有吃奶的孩子似的，上了'磨'，就不给个歇一歇的空儿。听说她呀，教中学班的课不说，还外带教小学班。时不时的，还要到大队帮忙，整材料，写村史什么的。"

听了大娘的介绍，李冰只有连连道谢的份儿。

"这个家多亏您老人家支撑，往后我一定报答。"李冰下来前，已经请过大娘的儿子，知道他们家婆媳不和。大娘的儿子告诉李冰，老太太愿意跟刘玲下去，一是躲开一阵子，图点清静；二来想挣点外快，贴补家用。自己手上有点儿体己钱，也能让儿媳高看一眼。可李冰他们一家两下分着，每来往一次都得花销。大娘跟着又不带口粮，要靠买商品粮生活。眼前泥房还外带一个劳力，又是一笔不小的花费。只好等下一个春节，攒笔小钱，安置大娘了。

吃完饭，李冰和侄儿忙着挑水、挑泥、买石灰、买麻刀，和了一大堆泥。进行此次的主要任务：泥房。

傍黑时分，刘玲回来给孩子喂完奶，自己也吃完饭，就又奔学校了。晚上李冰不能上房，歇了会儿也就奔学校而去。一则看看老婆到底忙什么，二则就迎老婆回家的空儿，两口儿也多说两句话。

到了学校，只一间教室亮着灯。李冰往里一瞅：刘玲是在帮学生排节目呢。便也轻轻地推门进去，坐到看热闹的学生中间，静静地当观众。

排练的是京剧样板戏"沙家浜·智斗"一场。李冰感觉到：扮演胡传魁和刁德一的两个男孩，动作都比较熟练，唱腔也放得开；扮演阿庆嫂的女孩，动作扭扭捏捏，唱声像蚊子叫。

排练结束后，两人往家走时，李冰谈了自己对角色安排的看法。刘玲说：

"谁说不是呢？其实，排练忙倒是没什么，就是这角色难安排，明知演阿庆嫂的学生不行，也得'拿死马当活马骑'。"

"一个小节目，角色安排不当，换一个不就完了？"李冰对刘玲的牢骚有些不解。

刘玲答道：

"你说的倒轻巧！这牵扯到上、下、左、右，四面八方的关系。别看这么所小学校，其实人才多着呢。原来安排演阿庆嫂的，是初中班的梅贤。那孩子模样儿好，声音也甜。可排练了没几天，她就不来了。也不知怎么让大队妇女主任知道了，托校长跟我商量：要她女儿顶替。不就到公社会演这么点儿破事吗？也值当得要抢个先，让大伙跟着受累！"刘玲说着，上牙咬住下嘴唇，显漏出有些不肖，又有些不平的神色。

"那你没跟校长解释解释？"李冰问。

"异乡人，我好命苦啊！"刘玲半开玩笑半认真地用京句韵白作了回答。

刘玲半开玩笑半认真地回答，特别是那拉长了的"苦"字，钻到李冰耳中，钩出了李冰记忆中无数绵绵影像：大学时期，当时还扎着两条小辫子的刘玲，在舞台上向观众频送秋波的形象；在舞会上自己曾注目追随她裙裾飘飞的身影。这些昔日存留在脑海中的影像，逐渐迭印在正与自己并肩前进的乡村女教师的身上。

从昔日到当前这形象鲜明变化的对比，让这位北方汉子的眼睛湿润了。他在这个拖长的"苦"字中，听到了似有若无的埋怨，听到了对当丈夫的、当父亲的责任的召唤。此刻他心里想的是："宁可不当这个'大学教师'了，宁可一辈子握锄头把儿，这个家也得到一处，不能再压在她一个人肩上了。"

在刘玲这方面呢，她确有一言难尽的苦衷。排节目安排角色，这本是件小事，可她办起来就没辙。开头，她选中的梅贤，戏刚排不多天，却不来上学了。多方打听，才知道她家要让她"换亲"，不久就要过门了。

梅贤还是刘玲担任的数学课的课代表，这么个女孩儿不能来上学，刘玲自然觉得可惜。是她去求校长(校长和梅贤正是邻居)，请他说服家长，让梅贤返校学习。校长答应尽力做好梅贤家长的工作，但有个先决条件：到公社汇演节目中，扮演阿庆嫂角色的，得由妇女主任的女儿担任。

刘玲见过校长以后，又陆续了解到不少情况：

"换亲"在这一带，不是个别的事，是一种相当普遍的习俗。常是有兄、妹的人家，和有姐、弟的人家"换亲"。梅贤家有兄妹二人。他哥赶马车摔了，虽说仍能劳动，但行动不如先前麻利了。本来附近各村就有"有女不嫁老东乡"的风气，小李庄也属"老东乡"，再加哥哥成了残疾，那当然更是困难户了。看着渐渐成长的梅贤，家人自然把给哥哥带来媳妇的希望，寄托在她身上。托人查访了好几年，找到了在合作社当干部的一家姓董的。董家有姐弟二人，那姐姐本是许了人家的，但未婚夫没等媳妇过门，就得病死了。农村习惯：没等过门，男方死去的，说是被女方"妨"的。从此，董家姑娘就没人提亲了。有跟两家关系都不错的人家从中说合，梅、董两家"换亲"，董姑娘嫁梅贤哥哥，梅贤嫁董姑娘的弟弟。而且梅家妹子和董家弟弟年纪都小，都在上学。梅家妹子过门后，先在董家当闺女养着，结婚的事，等几年再说。

了解到这些内情，刘玲仍对答应帮忙的校长寄希望：虽说"换亲"，但并不立即结婚，等初中毕业或是起码到学期结束，应该是没什么问题的。自然，演出也省得换人了。

但是，民办教师王老师打破了刘玲的幻想：妇女主任正打算和公社书记结儿女亲家，想让女儿在舞台上露露脸。所以王老师告诉刘玲：

"我们'永久牌'的，分多少粮食、柴火，补多少工分，都要大队干部说了算。排节目换角色的事，你要依了妇女主任的意思，到年终分配她也会帮我们说话。你们吃商品粮，拿国家工资，可别光顾自己，不管我们啊！"

唉呀呀，一个"换角儿"的小事儿，牵连着这么些风、马、牛不相及的屁事儿，教人烦不烦呀？刘玲只有认命的份儿了！

学校的事儿教人烦，家里也好不到哪儿去。前面提到，刘玲累得腰痛的时候，自己上不了炕，要八岁的女儿帮着脱衣衫才能上去。一天，又发生了这种情形。八岁的女儿帮妈妈脱了衣衫钻进被窝以后，撒起娇来，说是害怕，不肯关灯。懂事的妈妈，在这种情况下，应该轻言软语哄哄孩子，问题就解决了。可刘玲不是这样，劳累、腰痛，小的又要吃奶，自己想睡觉，顾不了老大的感受，伸手打了孩子一巴掌，啪的把灯关了。

灯是关上了，人可热闹了。孩子拿被子蒙着头"焖儿焖儿"地哭，大娘隔着老二提开了意见：

"没见过你这样儿当妈的！孩子抬水、买粮哪样不肯干？昨天去新庄给弟弟买饼干，手都冻肿了也没哭。今天为等着给你脱衣衫，等了一个多小时，你还打她，孩子能不委屈吗？"

孩子的哭声，大娘的训斥，让躺在被窝里的刘玲想起鲁迅先生的话："强者发怒，抽刃向更强者；弱者发怒，抽刃向更弱者。"自己没本事跟外界打交道，只会打孩子，真是窝囊废。

　　刘玲的苦恼，还关系着一些乱七八糟的事：日子长了，免不了仨灾俩病的。有时小孩子发烧，要打针才能睡稳觉。小喉咙呼哧呼哧地，像是气喘。公社只有两名赤脚医生，要背着药包在五个村子巡诊。赶上赤脚医生不在村，只好去请斜对面那位，据说是搞迷信挨过批斗的老太太。她一进屋就会把孩子抱在怀里，右手沿着孩子的小手和胳膊往上捏。时而念着婴儿的名字，时而说捏到了"绿豆"大的粒儿，时而说捏到了芝麻大的粒儿，只要过来这么一捏，婴儿保准能安睡。但她口中念的词儿，可真像巫婆招魂。

　　这位老太太脾气怪着呢！家里请她一次，她会自动来三次。她就愿意抱抱孩子，跟大娘聊聊。可她是"挨过批斗的"，自己是"接受再教育"的，走得近了，不惹麻烦吗？

　　等刘玲回城以后，看到针灸穴位图才明白：老太太给孩子治病，原来是沿手太阴肺经按摩。迷信话只不过是外衣，合乎中医原理是实质，但那是后话了。

　　治病烦人，生活琐事也烦人。那天回家吃晚饭前，路过合作社买肥皂。一进门，合作社老崔就招呼说：

　　"刘老师，你来哪，你一个月挣那么多钱，男人又不在家，咱们一起过吧！"

　　几句不咸不淡的屁话，气得刘玲使劲儿咬住下嘴唇，扭转身就想往回走。同行的民办教师小刘却挺身而出，指着老崔的鼻子就嚷：

　　"这话是你该说的？回去拿面镜子照照自己的模样，看看配不配说这话。"

老崔见有人为刘玲出头，忙点头哈腰的连连道歉：

"开玩笑，开玩笑！"。

老崔服了软，刘玲忙拉着小刘往外走，边走边悄悄地对小刘说：

"多谢你哪！他道歉就算了。别人不常去粮站，就他们合作社有车去买煤买粮。得罪了人家，赶明儿托他买煤买粮都不好开口了。谁教我是吃商品粮的呢？"

类似的尴尬，比比皆是。

稍微能宽心的还是老大要强。

八岁的小萍跟着妈妈在村里上小学二年级。学校不用交学费，靠打草折合。在城市出生的小萍，根本不是本地学生的对手，别人一趟就能背几十斤，她一趟只能背十来斤。一次背不动许多她就增加次数，两趟、三趟也要达到平均水平，所以跟小伙伴也能相处很好。

小萍在升到三年级时，数学成绩突然明显下降。班主任告诉妈妈这个消息以后，妈妈问小萍成绩下降的原因，她说看不清黑板，老抄错题，计算没法不出错。刘玲知道了原因也无法可施，自己贫血、腰痛都得不到彻底治疗，只能是勉强支撑着，何况小孩子的视力问题呢！请班主任给孩子把座位往前调点算了。自己后悔的是上回不该错打了孩子一个嘴巴。那事儿虽是过去了，留在孩子心灵上的痕迹怕是不容易抹去了。

时间一天接一天过去,转眼到了大秋。秋收是农村"抓革命,促生产"中重要的一环。农村学校放秋假,学生参加秋收。老师们呢?那就有很大的灵活性了。书记盘算了一下:学校里连校长一起,七、八口人。今年的大秋好收成,要把教师这支队伍发动起来,这个秋收大战一定在县里占先。主意打定,同样要找"突破口"。从哪儿"突破"呢?略加思索,又相中了刘玲!中学班教师吃商品粮,抓住了刘玲这只带头羊,小学班那些吃工分的教师,谁还不得跟上?主意已定,便亲自到刘玲家拜府。

书记根据平日对刘玲的了解,他对动员刘玲支援秋收满有信心。他亲眼见过刘玲参加割麦,那架势确实不敢恭维。最可笑的是,女教师身后,还跟着她那八岁的大丫头。那丫头鬼着呢!她见自己妈比别人动作慢,身后只留下一小堆、一小堆的麦子,显得没多大成绩。她就"帮忙",把别人割下的麦子抱一些,堆到她娘身后的麦堆上去,弥补她娘"成绩"的不足。让这么一对搭档带头参加秋收,加上广播站宣传鼓动,一定能打好今年的大秋这一仗!

书记登门兴冲冲地告诉刘玲:只要刘老师同意带头参加秋收,他立即组织人写广播稿,送县广播站表扬。

刘玲似乎并没受到书记热情的感染,说她想请假,到离这儿很远的地方看看爸。爸本来希望她连孩子也带去,可要带孩子花费太大,也太累。所以她准备一个人去。刘玲的请假让书记愣了一愣,模模糊糊地说了句:"这个假请得……"底下的话没有说出来,也许是在本人也是别人之爹的书记眼里，女儿探望父亲是天经地义；也许在书记眼里，偏在秋假期间探望父亲，多少有些干扰毛主席他老人家"抓革命，促生产"的伟大战略部署。但究竟没说出来，我们也不必妄加猜度。但总之，"再教育"对象刘玲，被允许了探望她明显是"资产阶级知识分子"的爸，没有再冒傻气了！

当然，其他教师是否参加了秋收，或参加了几天秋收，还得各靠本身政治条件和活动能力。但刘玲没当带头羊，没造成"一刀切"的局面，让其他教师因她的"积极"而受到损失，没有在背后再骂她"傻冒儿"，却不能不说是一个进步。

命运似乎厚待李冰，在他从小王庄泥房返回干校后不到一年，中共中央通过了<北京大学、清华大学关于招生(试点)的报告>，决定以"群众推荐，领导批准，学校复审相结合"的办法招生复课。李冰又一次升级，成为在职人员了。

学校要招生复课，当然得用教师，在这种情况下，李冰想握锄头把，也由不得自己了。

刘玲享受探亲假探父，路过他的住地，撂下孩子就走啦。他稍有些被妻子冷落的寂寞之感。但也没有十分埋怨妻子，只是打定主意：带着孩子上班！让领导也知道，自己家的难处。

招生复课以后，臭老九们纷纷"翘起了尾巴"。夫妻分居两地的，要求调动的大大增加。这中间，当然有很多差别。

有的父辈的战友多，也就是有较好的社会条件。有的善于创造或利用各种关系，调动自然顺利一些。

有的竟天生命薄，享不了团聚之福。在调动完成之前，或即将完成之际，或调动完成不久，都有因长期分居，无论生活或经济负担都比平常家庭更重一些，造成积劳成疾，一方辞世的实例。本应是欢庆团聚，结果变成了"追悼"。

李冰的室友，便是在分居十余年，调动手续刚完成，在老丈人为女婿接风的喜宴上乐极生悲，在喜庆的气氛中突然辞世的。这些活样板，除使李冰感受到作为人生命的脆弱外，也加速了他为家庭团聚所作的努力。

至于刘玲，当中学班教师要去县里开会时，贫协主席嘱咐她说："你到了县里，要到文教委去要求调动。他们要打官腔，你就说：'这革命要是这么个革法，咱们就不革了怎么样？'。你就说这是我——管校代表——教你这么说的。"

经过半年多努力，刘玲和李冰调到了一起。他们又搬了一次家，这次是把南方的老人和孩子搬到了北方李冰所属的大学，全家团聚，而且孩子们都有了正常的学习条件。

“螺丝钉”的烦恼和喜悦

The Frustrations and Joy of the Screw

一

"一在职，二外调，没人要的上干校"，张材在被看作"废品处理站"的干校里接受了三年改造后，总算日子熬出了头。他原是H大学中文系教师，这天，他刚打扫完猪舍，就被叫到军、工宣队办公室里。工宣队长递给他一份通知，是系革命委员会来的，上面写着："结束干校生活，火速回系，另有任用。"

工宣队长开腔了："大张，恭喜了，不庆贺一下吗？"

张材听后心想："反正干校有人调出，必然叫伙房做一桌'送行酒'，队长们陪同调出人员吃一顿。这已成了惯例。名为'欢送'，实际上不就是找个名目，头头们借机揩公家一顿油吗？"

反正要离开这位队长的管辖了，也不用再跟他计较什么。张材嘴里应付着说："谢谢队长关怀。"内心却回想起，这位队长"以阶级斗争为纲"+的闹剧。

那是刚到干校不久。一天傍晚，担任饲养员的老谢，要去给准备过中秋开宰的几头猪喂食，发现它们全都死在猪栏里。这一惊可非同小可，立即向直接领导排长小马报告。小马知道老谢办事稳妥，但胆小怕事，而这件事又和他的职责有关，便安慰了他几句，主动替他向连长和军、工宣队队长作了汇报。

　　谁知道小马是怎样汇报的？反正有一点是肯定的：他在汇报中一定尽力减轻老谢的压力。反正，听了小马的汇报以后，连长先命随行校医查验，得知猪群因中毒死亡以后，便会同军、工宣队队长采取了应急措施。

　　工宣队长主持召开了全体学员大会，宣布有人投毒，毒死了干校的猪，说这是"阶级斗争的新动向"。大喊："是谁下的毒，应尽快投案自首。如拒不投案，一经查获，严加惩办。"

　　大会散了以后，军宣队长领人进一步勘探、清理了现场，并安排警卫巡逻、向公安局报案等事。工宣队长更不甘示弱，找出从T市带来尚未使用过的高强度的聚光灯，安装到现场，帮助夜巡值班的"五·七"战士，用如同白昼的强光，照得胆敢再来犯的"阶级敌人"无所遁其形。

　　也真忙坏了军、工宣队和他们所器重的积极分子们。他们明查暗访，找人谈话，设举报箱，搞得人心惶惶，不可终日。

　　折腾了一个来月，终于弄清了猪的死因：猪死的前一天，干校学员把藏在窖里的大白菜搬出来，搬运时自然脱落了很多菜帮子。老谢用这些菜帮子煮了一大锅猪食，因天黑了，没及时掏出来。煮烂的菜帮子在大锅里闷了一夜，变了质。猪吃了变质的食物，哪有不死的道理？但因小马属于军、工宣队眼前的红人，老谢又是小马的亲密战友。从事件发生以来，军、工宣队就没考虑过老谢的责任，而是按"阶级斗争为纲"的调调儿处理的，调查半天最后却要追究老谢，那不等于自己抽自己的嘴巴子吗？所以只好偃旗息鼓，不了了之了。

明白了事情的真相，学员们谈话时免不了有所议论。有一次，工宣队长离学员群聚地不远，听到有人模仿他的腔调说："这是阶级斗争的新动向！……一经查获，严加惩办。"

堂堂"领导一切"的工宣队长，竟然当众受人奚落，此仇如何不报？

冥思苦想，他终于为自己找着了保持尊严，摆脱嘲讽的台阶。一天半夜，响起了号声，学员紧急集合，队长带着摸黑爬到城墙上搜索"阶级敌人"。折腾到天快亮时，仍未出现敌情。这时他才气定神舒，缓缓宣布：纯属常规演习。他用这种折腾人的办法，给大伙脸色瞧瞧。

面对这么一位说话阶级斗争不离口，以折腾人保持自己尊严的人，张材很高兴能早日脱离他的领导，但愿回系后，碰到的工宣队员不是他这路人　。

二

张材回到系里，先到系教育革命领导小组组长老付那里报了到。

老付向他介绍了当前教育战线形势，说今年教育界连续发生了几起发人深思的事：

河南省马振扶中学初二学生张玉勤，课堂考英语没考好，在考卷背面写了几句反对考英语的话："我是中国人，何必学外文，不学ABCD，也当接班人。接好革命班，埋葬帝修反。"她的革命行动，反遭学校领导和班主任的反对，严厉批评了她。她没有屈服，愤而投河自杀，显示出对修正主义教育路线 的誓死 反抗。

知识青年张铁生，在辽宁省兴城县高校招生选拔考场上，在试卷背面给"尊敬的领导"写了一封反对考试的信。这封信，被"人民日报"全文转载了，题为："一张发人深醒的试卷"。同时转发了"辽宁日报"编者按："这封信提出了教育战线上两条路线、两种思想斗争中的一个重要问题。"

介绍完这些事件后老付启示他：

" 你说这封信和那位初中生写的话，引领的潮流是什么吗？"

张材老实承认：

"干校消息闭塞，我在那儿劳动改造，哪知道学校的事？还是听你的吧！"

"大张，现在是什么时期了，可不能'只顾低头拉车，不顾抬头望路'啊！教育革命的潮流是：坚决反对修正主义教育路线，考试就是这种路线残害学生的体现。大学的入学资格是什么？不是体现智育至上的考试分数，是体现艰苦奋斗精神的手上的老茧！"

老付说：

"为顺应革命潮流，国家的教育体制有所改革：大学学制由五年改为三年。取消了'资产阶级统治学校'的校长负责制，改设校教育革命委员会，全面领导学校教学和科研工作。相应地，系里取消了系主任负责制，改设"教育革命"领导小组，领导系教学和科研工作。这么一来，系里自然也就顺理成章地取消了"业务挂帅"的学科教研室。全系师生在系革命委员会和系"教育革命"领导小组领导下，按入学年级分为三大摊：以学生年级为中心，组成师生合编的三个党支部。教师根据所担负的课程，组成三个年级教学组。

"至于招生制度，是根据毛主席的指示，选拔有实践经验的优秀工农兵入学。工农兵学员，按照'自愿报名，群众推荐，领导批准，学校复审'十六字原则，从具有两年以上实践经验，而非应届高中毕业生中选送上来。他们在大学里肩负着'上、管、改'（既要上大学，又要管大学，还要用毛泽东思想改造旧大学）的重任"。

介绍到这儿，老付给张材交待任务说：

"咱系招的工农兵学员就要入学了，领导决定将你调回系，是要你教他们的马克思主义文艺理论课。这门课是文学类课程的挂帅课，不能等闲视之，调你回来，足见领导对你的重用。"

张材要走，老付又叫住他叮嘱说：

"'文化大革命'中你是吃了点儿苦头，但千万别忘了那是'事出有因'。望你牢记教训，别仗着自己脑瓜儿聪明，不赞成这不同意那的，连江青同志的指示都敢顶撞。还有，别忘记运动初期群众贴你是'修正主义苗子'的大字报。面对工农兵学员，得虚下心来，别弄得自己下不来讲台。"

"话不投机半句多"，老付的"叮嘱"，听在张材耳中，那是老调重弹，那是宣扬他自己的派性观点，叫人听着腻味。

他没说告别的话，抬脚就走，转身敲响了斜对面军、工宣队办公室的门。

开门迎出来的是位身高体壮的彪形大汉。张材通报了自己身份之后，被"大汉"一手拉住，拽进了他的办公室。大汉让张材坐在凳子上后，便发话了：

"咱俩是一家子。我也姓张，叫张祥。没啥文化，是个大老粗儿。你能回系，我怹高兴。军宣队要撤走了，老李去集训去了。怎么着？我先跟你聊聊。"

这位张师傅，说话朴实，风风火火的，几句话就拉近了他与张材的距离，跟干校工宣队长讲话动不动就训人，形成鲜明对比，张材感到亲切。

张师傅坦诚地对张材说：

"我们新'双宣队'进校后，查阅了你的档案，知道了你在学校'一派掌权'时，受到过不公正对待。过去的事儿马虎点儿算了，干啥事儿都得往前看。说句不中听的话，别那么鸡肠狗肚的，那样没出息！你能想通了吧？"

接着，他给张材交待任务：作学员一年级党支部书记

"老付已经安排我教一年级马克思主义文艺理论了。"

张材再接受教职以外的任务，有点勉为其难。

"这个老付，正经事儿办不成，专门跟'双宣队'捣蛋！"张师傅毫无掩饰地说，"我们推荐你作一年级党支部书记，他硬是反对，说你'文化大革命'前是红得发紫的'修正主义苗子'。纯粹扯蛋，搞派性！照他的混蛋逻辑，以前受党重视的都是坏家伙，都是提不起来的人了？他叫他的，我们不听他那一

套！系领导班子五个同志，表决时三票赞成，一票弃权，一票反对，否决了他的馊主意。这个人不会死心，这不，又行使手上那点儿破权力，用课压你了。怎么着，能不能'双肩挑'？担子是重了点儿，担得动吗？"

　　张师傅的话，有点儿口无遮掩，但叫张材的的确确感受到了他真诚待人，是个贴心人。既然贴心，还有什么价钱好讲呢？便爽快地表示接受任务。

　　张师傅还嘱咐刚从干校返回的张材：国务院科教组组长，就是那位"坐飞机"上到中央的首都卫戍部队宣传干部，坚持两个"基本估计"：一个是领导权基本上不在无产阶级手里，另一个是教师大多数世界观基本上是资产阶级的。这跟说"'文化大革命'前教育战线的十七年，是为修正主义教育黑线专政了的十七年"，是一回子事儿。要张材不管想通没想通，在做学员工作时，一定要谦虚谨慎。

　　校"双宣队"给张材落实政策，是新形势、新任务的需要。张材在政治上获得"平反"的同时，在工宣队协助下，妻子从偏远的公社，调进本校历史系；岳母在南方退休后，也自带工资到他们家，当起了"管家"。原先像"拉蛋的鸡"一样，东一个西一个的"家"，现在团聚到一起，连老太太算在一块儿，成了六口之家了。年近四十的"青年教师"张材，满心报恩思想，要在工作中做出成绩，报答组织关怀。

三

张材接手了工作之后，深感责任重大。按张师傅的告诫，像自己这样在五、六十年代毕业的学生，都算作是"修正主义"路线下培养出来的苗子。可偏偏让这样的一棵苗子，担负管理工农兵学员的重任，怎样才能开展起工作？

他心想：管理对象是优中选优的"社会栋梁"，自己必须向这些"社会栋梁"学习，先当好他们的学生，才有条件为他们服务。怀着兢兢业业，夹紧尾巴做人的思想，张材热切地等待 新学员入学。

新学员入学后，张材面对着许多出乎自己意料的问题：

早上检查晨操，很多学员尚未起床，需要一个个"掀被窝"，方能把晨睡正酣的新学员，从甜梦中唤醒，哪还谈什么晨操呢？

刚安排好宿舍，就有人来反映，说某同学带了一条狼犬到宿舍来，别人看狼犬呲牙咧嘴吓得要命，他看别人害怕反而高兴。这算怎么回事？只好找带狼犬的学生谈话。

还没找到狼犬的主人，又有人报告：某司机停在百货公司门口的车，被咱年级学生开走，司机上学校找来啦。才和司机没谈上几句，就来了校保卫处的人，说是车子回来了，是你们年级学员跟司机开的玩笑，说完拖着司机走了。 最后见到了肇事的学员：原来是某市长的小儿子，一脸的顽皮，可又露着几分天真。他随身带有万能钥匙，路过百货公司见停有一辆空车，便用万能钥匙打开车门，把车开走，绕城跑了一圈又送回了原地。

　　张材从小就是个老老实实、规规矩矩，规矩得有些拘谨的学生，见到这些仿佛天外来客似的年轻人，真感到怵头。嘴上虽没说出来，心里却感到：工农兵学员——自己学习的对象——怎么会是这个样子呢？

　　其实也难怪，当时社会风气就是如此！电影院上演的电影是"决裂"，意思是：要和传统观念彻底决裂。上大学的口号是："什么是大学？大学就是大家都来学"。至于大学里的专家学者，当时都被看成是一批麦苗和韭菜不分的，只会讲些什么"马尾巴的功能"之类无用知识的书呆子。

　　就在工农兵学员入学这一年，国务院科教组鼓吹"考试是修正主义教育路线的集中表现"，受到了大专院校老师们的抵制。为了回击这些反对者，给这些"修正主义教育路线的卫道者"脸色看看，国务院科教组、北京市科教组于年底召开会议，决定对教授搞突然袭击，给他们出怪题、难题进行考试。

　　一天上午，他们组织人在清华大学出题，下午集合二十辆小轿车，带考卷同时到十七所院校去考有高级职称的教师。参加考试的教授、副教授613名，结果53名及格，200名交了白卷，还有两所学校，全部是零分。几乎同时，上海、天津等地也以突击方式考教授，结果与北京相似。总之，这在当时叫做"长无产阶级的志气，灭资产阶级的威风"。

　　张材他爹是个木匠，虽然曾和几个穷哥儿们合起来开过木匠铺，在当地盖起了几所医院和学校，但他只知埋头苦干，不会看风使舵，终于在工程完工之日，成了木匠铺倒闭之时。在这样家庭长大的张材，虽然托共产党的福考上了大学，成了大学教师。但不可避免地也接受了父亲只知埋头苦干，不会看风使舵的遗风。面对当时迅速发展的"革命"形势，他可是有些跟不上趟儿啦。

还好，他是"在组织"的。在这个"组织"中，他有个"年级党支部书记"的位置。工农兵学员虽然没经考试，文化水平参差不齐。但社会经验丰富，办事能力强的，还是大有人在。不过这些人各有背景，难于驾驭罢了。

拿班长小尹来说，他曾代表同学反映意见，说"现代汉语"这门课，教师讲词性时举例说，"终于"是最后的意思，是副词。如果不懂词性，会造出"我站在终于"这样的错句子。同学们反对这样的课堂教学！小尹代表同学反映说：我们谁不会讲汉语？何劳教师费这么多口舌！我们反对搞繁琐哲学，我们坚决要求走向社会大课堂，学好阶级斗争这门主课。

教"现代汉语"的李教授，是研究汉语颇有成就的专家。张材在学生时代曾听过他的课，并因他的引导，曾向往对这门课做深入钻研。有此经历，他当然极力说服学员耐心学习。但小尹等反对支部书记的说教，在系教育革命领导小组的支持下，最终还是将教"现代汉语"的李教授"轰"下了讲台，因为他们绝不允许"资产阶级"教授霸占社会主义讲台。

就是这个小尹，在教学上与支部书记抱不同意见时，他斗争胜利了。但在对某些见解相同问题的处理上，他却能积极配合张材，发挥重要作用。

新入学的一个女学员，名叫李红的，举动异常。她刚刚进校，经常天还没亮，就敲张材家门，说来"汇报思想"。听她讲的，颠三倒四，还说有人来校捉她，显露出思想包袱沉重。她总来家找老师，连张材的丈母娘，都看出了这孩子的毛病，提醒女婿说：

"这女孩两眼发直，目光呆滞，像是有精神病的样子。要赶早外调，取得证明，以免被动。"这和张材所想的，正好不谋而合。

其实，班长小尹也已建议，对李红的异常情况，进行观察和记录。至于外调，只因新生刚入学，稳定学生情绪、建立教学秩序等尚未就绪，目前尚抽不出时间。丈母娘的提醒，催促张材加速行动。彼此都意识到，李红是保送单位甩来的包袱。如果不及早取得她入学前有病的证明，夜长梦多，会带来后患。

因情况紧急，张材把李红出现的病象，和请求外调的想法，汇报给了系教育革命领导小组组长老付，满心希望得到领导的支持。没想到老付却教训起他来了：

"小张，我看你还没理解新的招生办法。李红入学，是经'自愿报名，群众推荐，领导批准，学校复审'上来的。'学校复审'，复审的是学员的政治条件，不是什么都复审人家的。搞李红入学前身体状态的调查，是对人家选送单位的群众和上级领导的不信任，就等于对崭新的招生办法的否定。你头脑应当清醒，新招生办法是社会主义新生事物，你要是旧习不改，老毛病又犯了，不怕担'怀疑和否定社会主义新生事物'的罪名，你就外调去，反正我这儿不会给你开介绍信到院里办外调手续的。"

张材据实力争道："老付，请你多尊重点事实！"说着递给他"团支书"按天记载的李红病态日志，接着说："'不看不知道，一看吓一跳'，日志中记载的李红病态，能说她的选送单位和上级领导是负责任的吗？"

老付扫了一眼"日志"，节外生枝地说：

"谁给你权力监视工农兵学员！他们是学校的主人，肩负着毛主席赋予他们的'上、管、改'的历史使命。监视学校的主人，涉及到对待毛主席的根本态度问题。再者说，你监视人家，没病也会逼出病来，这你可要负重大责任！"

关于"监视"问题，张材心平气和地向老付介绍了班长小尹、团支书小徐的履历，说明他们办事干练，可靠，保密牢靠。为了争取老付的支持，他并以本市驻军选送上来的16名学员为例，说明"领导批准"的真相：16名学员中，有7名军级干部子弟、6名师级干部子弟、2名团级干部子弟，只有一名是没任何政治背景，从农村上来的兵。为什么驻军选送到咱系里的学员几乎都是大官的子弟呢？驻军一名参谋向他透露：军里有提干规定，士兵提升干部条件之一，是具有大专或大专以上学历。这些入学的干部子弟，现在都是兵，在你们学校学三年毕业后，都会提升为排级干部，不会复员了。他反问老付说：

"驻军领导严格掌握了选送学员标准了吗？他们真的是'一碗水端平'了吗？我们学校有复审的权利，能对'领导批准'一项中出现的种种问题不闻不问吗？"

老付笑了笑说：

"那个参谋讲的话，你能保证没搀假吗？道听途说，损坏部队声誉，你要负责任的。老弟，望你牢记'文化大革命'中你反驻军的教训吧！包括李红在内，都是经领导批准来校的，我们不能怀疑人家。人家怎么批准的，有人家的权力，无需你'狗拿耗子，多管闲事'！"

张材陷入了困惑，"文化大革命"前，他曾以作"党的驯服工具"自豪。他暗自以雷锋为榜样，努力作党的"永不生锈的螺丝钉"。他自认工作中坚持原则，对工作踏实认真。但现在面对的直接领导，对选送工农兵学员中出现的问题，自己不去解决，也反对下面工作人员外出调查。你跟他争论吧，他把已经摘掉的政治帽子，继续捏在手里随时准备往你头上扣！这样争辩下去，不仅会毫无结果，而且会弄得自己"里外不是人"。如果李红真地在校内出了事，料想老付定会把全部责任推到自己身上。

情态紧急，怎么办？我们的"螺丝钉"苦恼了！想了半天忽然省悟到："得求助工农兵学员，他们会有办法的。"有了想法便立即采取行动，张材找到了班长小尹，向他介绍了老付的态度。然后问：

"老付反对我们去外调，万一李红出了事怎么办？"

"这件事，我们先找找张师傅，估计他会支持我们外调。但是，他权力有限，军宣队就要撤出了，又少了支持他的力量，怕他揽不下这事儿。看来不'通天'不行，按正常手续走解决不了问题。"小尹边说边拉着张材去找工宣队长。

见到了队长，小尹抢先向队长汇报了李红的病情，以及他入学前做公安的经验，也讲清了"外调"的必要性。

坐在旁边的张材心想：队长不会立刻答应小尹外调的请求，免不了是"研究研究再说"。没想到队长听完小尹的述说，当即拍板。不光准许外调，而且要求迅速行动。

四

张材和小尹外调来到选送李红的安县，了解到李红原属的县文化馆，是县里派性最严重的地方。两个馆长，分属两大派，不断明争暗斗。李红曾找过县文化教育委员会主任，想换地方。她说文化馆工作很难做，两个头，听谁的也不行。听这个的，那个反对；听那个的，这个反对。

恰巧这时，上面给了县里工农兵学员上大学的指标。经商量，县"文教委"决定让李红去上大学，这对她来说，确实是个好去处。面对两名掌握着大量一手材料的外调人员，县"文教委"主任慎重其事地说明：

"我当时并不知道她有精神方面的毛病，两个馆长也从没提到这一点。如果我知道了，还能批准她上学吗？这不是搞欺骗吗？"

张材见"文教委"领导的话说得很爽快，也合情合理，便回应说：

　　“我们绝没有责怪您的意思。对癔病病人，偶然接触和长期相处并不一样。我们估计两位馆长很可能知道她的病情，利用您的关心，甩掉他们的包袱。”

　　“文教委”的领导听对方只求合理解决，并不深追究责任。便很干脆地说：

　　“文化馆归我管。打证明，由我找他们，让他们说实话。有可能他们两人怕出了证明，会把李红退到他们文化馆。这事我就担了，退回来也是养病，医疗报销暂时由‘文教委’管就是了。像这样的病人，最好的治疗方法，是改变生存环境。”

　　两人听到领导的由衷之言，感谢他积极配合外调的行动，表态要向地区“文教委”汇报。到顺利拿到了文化馆的证明，证实李红入学前即患有癔病后，两人连夜赶回了学校。

五

　　张材回家后，简单向岳母说了说取证的情况，便睡觉了。没等到天亮就被急促地敲门声惊醒。他赶快穿好衣衫，开门见是学生团支部书记小徐。小徐神色慌张，声音急促地说：“李红自杀了！”

　　听了这既在意料之中，又出意料之外的报告，张材随她火速赶到女生宿舍楼。小徐把他带进女厕所，只见李红脸朝下躺在厕所地上，头部周围满是血迹。不远处地上，是一把血迹斑斑的剪子，显然是杀人凶器。张材察看完了现场，和小徐一同退出女厕所，吩咐她注意保护现场。自己则快步下楼，跑到楼口，抓起电话，拨通保卫处，简述了案情，要求他们火速来人。

不久，保卫处就派了人来勘察现场，为保护现场还封了厕所门。小尹也随保卫处的人一起到了，见到张材便说："张老师，你还有课，先上课去。完了还有向领导汇报，接待家属等一大堆事等着您哪。这照看尸体，跟法医介绍情况的事就交给我了。"在关键时刻，小尹的分担，让张材精神为之一振。

张材领导的一年级，学员入学时间不长，就发生了女学生非正常死亡的事，免不了引起各等人士的不同思虑，议论纷纷：

首当其冲的是校长兼任校党委书记刘任重。他本是省司法局局长，才离开司法部门调入大学，想躲点清闲，不料却撞上这么棘手、倒霉的事。"工农兵学员是大学的主人，国家的宝贵材富。'主人'死于非命了，自己怎么向省里交待！"尖锐的现实问题，压得他必须做出回应。

从刘任重的角度来看，希望李红死于"他杀"，因为如是"他杀"，负直接责任的是校保卫处，自己省察一下"阶级斗争观念淡薄"，也就足以应付上边了。他最担心的是"自杀"，如是"自杀"，自己怎么也摆脱不掉直接责任。

系教育革命领导小组组长老付，原本就反对工宣队树张材为一年级党支部书记，这回张材年级出了事儿，他可高兴了！到处散布说：

"张材本来就是提不起来的人，可工宣队硬要树他。怎么样，年级里出了大事了吧！这叫'搬起石头砸自己的脚'，活该！张材不是心高好跳吗？看现在他还能跳到哪里去！"

至于他反对张材"外调"，对李红生前不闻不问的事儿，早就抛到九霄云外去了。

当时在郊区下放劳动的张材妻子，听到凶讯，深怕他因工作中的问题陷入泥淖，请假跑回了家。一进屋，见到一屋子人，有的认识，有的不认识，唯独不见张材。从人群中她认出了中文系工宣队张师傅，一把抓住他就问：

"张材要负什么责任？不会坐牢吧？"

张师傅忙解释：

"你想到哪去了！李红来咱校，县里是当'包袱'甩给我们的，小尹都汇报给我了。出了事，她们县里该担责任。咱能有多大责任？就算有责任，也应该是系里兜着。你们知识分子就好多想，把心放进肚子里，没事儿。"

人们的临事反应虽然千差万别，但经过"文化大革命"的教职工，大都想过点儿安定、清闲日子。抱着"亲愿亲好，邻愿邻安"心理，都不愿这件事搞得张扬扩大，闹得校园人心失衡，乱糟糟的。

六

上完课，张材把自己所知道的李红的情况对学生讲清楚了。这时传来消息说："法医已经签好李红'自杀死亡'的验尸报告，交给保卫处了。"这当然对李红是"自杀、他杀、奸杀"等等猜测有所澄清，但李红为什么自杀的问题并未解决。张材仍需面对各方质疑。

校长办公会议上的汇报在下午举行。会上首先审阅了法医签好的验尸报告，和张材、小尹上交的外调材料。当过省司法局长的校长，对处理人命案件有过经验。他见有外调材料证明李红入学前就有癔病，心先放下了，自然对张材和小尹的工作很满意，说：

"你们工作倒先走了一步，不然这事很难说得清楚。"

随后，张材口头汇报外调情况，校长听了也很满意。接着只问了问班上搞没搞什么特殊活动。直到张材交上小尹写的李红两周来精神异常现象实录手抄件后，他才加问了一句：

"你们记录她异常现象，是否被她察觉了，增加了她精神上的压力？"

张材又汇报了团支书的情况。小尹当过公安，校长放心，又得知团支书办事谨慎以后，才全部解除了疑虑，也解除了他怕负直接责任的问题。

三天后，张材接待了来校的家属。李红的父亲是个老实农民，小女儿进了大学，曾给他带来无限憧憬，意外死亡的凶讯，造成他精神恍惚，老是念念叨叨，慌恐不安。好在李红的哥哥，一个四十多岁的干部，陪同父亲前来，可以随时宽解父亲。

　　学校邀家属前来的目的，主要是让他们清楚死因并处理遗体。家属到达后第二天，就安排了校长、有关系处领导、公安局有关人员、张材和小尹与家长的见面会。会上，首先由法医介绍了验尸过程，出示了验尸证明。接着，由张材向大家汇报李红入学后的异常情况。他的话还没说完，李红的老父亲就用沙哑、凄凉的声音发问：

　　"上学前还是个活蹦乱跳的孩子，怎么入学时间不长，就这么死了呢？"

　　听到遭受丧女之痛的老人那凄楚的声音，参加会议的人们，无不感到沉重。这时，小尹站起来补充了李红入学前即患有癔病的情况，而且出示了外调证明。李红的哥哥作为当地干部，对妹妹在原文化馆的艰难处境，必定也有所知，低声对父亲说了些话。

　　听了儿子的话，老汉便又站起来说：

　　"人，既然死在学校。那就请学校给弄副棺材，我们把红儿带回去。"

　　校长严肃而有礼地回答：

　　"大爷！这不行。市里有规定，没了人，全得火葬。学校不是不愿拿钱，是不能花这个钱，我想老人家能理解学校的难处。"

　　几天后，家人想法买了棺材，找好车，运走了遗体。张材工作上遇到的一件大事，总算画上了个句号。

七

处理李红之死的事，校、系整整忙活了一个月，张材自然精神紧张，吃睡不安，异常疲惫。张师傅特别跟张材说："从干校回到系，你就该休整。没这个福气啊，还没歇上口气儿，就接新学员了。按说学员进了校门，该安排的都就了绪，又该喘口气儿了，哪知道接着出了这么大的事。这阵子，你哪有心思顾家？我听说家里人都 对你一肚子意见了。"

经张师傅提议，系革命委员会同意，特准张材补休一周。

赶巧了！张材休息时，妻子也因系里"批儒评法"缺搞资料的，被提前从劳动点儿抽回，张材家名副其实地是大团圆了。

夫妻长期分居，妻子产后调理不良，又加在"文化大革命"中受张材牵扯，作为"反革命家属"从市里遣送到边远穷区教"戴帽中学"。一个妇女，带三个孩子，课程、家务、参加劳动多种负担，过于沉重，风湿、妇女病等多种疾病缠身，经常处于贫血状态，常是一副活不起的样子。

在那"宁要社会主义的草，不要资本主义的苗"的时期里，张材丈母娘在人多食少，油水更缺的情况下，订了条原则：优先保证贫血的女儿。妻子跟孩子们吃争食，心里当然不好受，可有啥法子呢？要是吃不好，讲话就有气无力，走路脚像踩棉花。

张材抓紧在家休整之机，给妻子盘了条小土炕，为帮助妻子治疗风湿，创造了一定条件。从工作上，也帮助她适应新环境。

妻子告诉他：

"教中、小学生，只要搞好组织教学，进行基本功、基本技能的训练即可。教大学生，教师本身得要有'干货'。拿我教的这门课来说，虽然课时不多，可涉及到广泛的古代史、古籍、古汉语的知识。人家老教师们讲什么史才、史识、史德，我连基本知识都很薄弱，还谈什么史识？"她举例说明自己缺乏见识说：

"太史公把儒家祖师爷孔子列入'世家'，是对孔子的尊重。但'批儒评法'，几乎把孔子的言行，都批成是坏的。这和毛主席自己说过的，从孔夫子到孙中山都要给以批判的总结，吸取精华，剔除糟粕，显得十分矛盾。"

张材心知肚明，"批儒评法"是一场政治斗争，不是学术批判。他不想向妻子捅破这一点儿，避免带来不必要的麻烦。便随口说："你现在是打好基本功，搞好译注，摘录代表性观点，提供给系里写作组，这就够了。至于亮明观点，自己写文章，那得'厚积薄发'，是以后的事。"

他在妻子的笔记本上，写下"千里之行始于足下"几个字，鼓励她当"功在不舍"的"驽马"。张材认为自己安排好了妻子生活、工作中两件大事，自觉很尽了点儿家庭责任，心里一阵轻松，忽然动了雅兴，想去很久不曾光顾的小酒馆，寻找一块儿喝过酒的老哥儿们聊一聊。

走在去小酒店的路上，张材和系政工组副组长老常碰到一块儿了。路上老常告诉了他一件事：李红的父、兄回家后，他们县搞了一次抬棺游行。文化馆正、副馆长，都身穿素衣，随棺送行，表示对死者的歉意和哀悼。这是当地县委为消除派性，增进团结而组织的一次活动。

这件事如果无关的人听了，觉得不过是一场闹剧。但听在参与处理此一事件的张材耳中，却是别有滋味。

消息是由老常告诉自己的，这个事实本身，就让张材感到高兴：平日老常和老付走得近，老付的看法经常就是老常的看法。现在老常像朋友似地告诉自己，这件工农兵学员人命案的闹剧式结尾，表明了老付当日阻拦外调，纯属他个人滥用职权。现在，连他"一个战壕里的战友"也明白了事实真相，于是前一阵外调奔波的辛劳、陪同公安局人员验尸、应对各方质询的紧张，特别是争取外调时老付扣的帽子，都被这个事实击得烟消云散。

张材下小酒馆，被十二岁的大女儿撞见了。在孩子眼里，爸爸真是太差劲了！自己才是个小学生，但碰到大人出去劳动，留下自己照顾弟、妹的时候，会把仅有的鸡蛋给弟弟，油条给妹妹吃，自己啃窝头，当姐姐的要以身作则嘛！可爸爸他光顾妈妈，专门欺负小孩儿。吃饭有点儿好菜，总是尽让妈妈，孩子们很少伸筷子。谁不嘴馋啊？前些日子，弟弟拿了家里的粮票，换了一两花生米吃。他洗弟弟衣服，发现口袋里有花生米皮儿，硬是追着、逼着让弟弟写了份检查，说用粮票换花生米是走资本主义道路，保证以后不能再犯。现在那份检查还贴在家里厕所门背后呢！他倒好，平时教育我们要做革命的"螺丝钉"，可他下酒馆。下酒馆难道不是走资本主义道路？爸爸不要求自己，光要求我们小孩儿，真气人！回家后，她把自己看到的情况和想法告诉了姥姥。

小萍从小跟姥姥的时间长，感情好。姥姥听了小萍的话，跟孙女儿做了些解释。她认为女婿偶而到外边喝点儿酒，算不了个大事。不过，小萍不满爸爸的话，当姥姥的也不能装聋作哑。她跟爸爸日子短，不像跟自己那么亲，自己得想法拉近父女俩的距离。

姥姥文化水平不高，但长期在医院图书室工作，接触得多的是求知欲强的医生。自己眼见这些求知不倦的医生，将所学知识用于为病人排忧解难，对他们很尊重，也很羡慕。她在退休后跟女儿过的目的，就是帮忙照顾并教育儿孙。女婿是教师，得通过教书育人的道理，来促进父女关系。

本来，老太太就曾把小萍的一篇作文交给女婿，要他批改。现在听到孙女叨叨他爸爸，所以等女婿一回家，姥姥便问交给他的小萍作文批改了没有？女婿推说没时间，还没看。这可把老太太惹火了！

老人家斥责女婿说：

"没时间，给女儿看篇作文就没时间？你一天到晚忙，到底'革'了多么大的一个'命'啊！还老师呢，老师能给别人的孩子看作文，就不能给自己的孩子看？"

张材嘴上敷衍说："我会看的。"心里想的却是："这又不是十万火急的事儿！着急有啥用？小萍才上小学，就是高中毕了业，也不能直接考大学啊。新招生办法说是从有实践经验的工农兵中间选拔，李红的死说明了'选拔'真相。什么'选拔'，还不是领导说了算，领导一锤定音！"便笑着对岳母说：

"其实我们小萍，作文写得好不好倒在其次。紧要的倒是她那个脾气，你看她连隔壁书记都敢叫阵的倔脾气，作文写得再好，哪个领导能推荐她？"

前几天刚发生过一件事：

那天，因多日连雨，住在隔壁的某系总支书记正拿着扫帚，打扫门前的积水。他把自己门前的积水，尽力往洼处扫。小萍弟弟见水往自己家这边流，便在两家边界筑了个小堤。但被书记的扫帚连扫带冲几下就垮了。弟弟不服气，"堤"冲垮了他又再筑。两三个回合下来，根本不是书记的对手，便向姐姐求助。

十二岁的姐姐出来亲自筑堤，书记再要横扫她的堤坝时，她发话了：

"别往这边扫！"

书记一边扫，一边轻蔑地说：

"都快小学毕业了，还那么不懂事？"

"你懂事？"小萍积压的怒火开始爆发了，"为了你的'地主大庄园'(指他霸占大片菜地，邻居背后加的绰号)，把人家的院子淹了你才高兴呢！"

刚一交锋，"地主大庄园"这顶帽子就被小姑娘抛出来，扣到书记头上。一个身形单薄，头发扎成两把刷子的小姑娘和一个身形彪悍的大汉斗嘴的场面，立即吸引了不少过路的观众。小姑娘清脆的京腔儿，和大汉厚重、浓郁的山东调，更让围观者觉得有趣。这可急坏了站在自己门前的姥姥，姥姥怕孙女儿不知深浅，伤了邻居和气，拼命把孙女儿拉回了家。

听女婿拿前两天的事儿替自己辩解，老太太接着说：

"还是大学老师呢，眼皮子这么浅！谁敢说招生办法不会变？中国的事儿，来回变，哪个说得准？就算暂时没变，小萍将来得罪了领导，上不成大学，她正直，有知识，会写文章，总是好的吧！你们系写文章的高手，不是被借调到市里搞通讯报导去了吗？文字能力强，将来工作好找多了。怎能不抓紧她的作文练习呢？"

张材见老太太有点火气，忙给自己找台阶下。其实，他也不喜欢那个新招生办法。他赞赏女儿那"初生牛犊不怕虎"的劲头，这正是他自己所缺少的。不过，觉得那股劲不合当前时宜罢了。

吃晚饭时间，张材妻子回家，把两个小的从幼儿园接回来，一家人围着饭桌边吃边聊天。

小萍问爸爸说："爸，你们学员怎么看黄帅的？"

张材知道，孩子指的是报刊上刊登黄帅的来信和日记摘抄。小孩子的话，有啥准儿？厉害的是那个编者按，硬说"这个十二岁的小学生以反潮流的革命精神，提出了教育革命中的一个大问题"。什么大问题？从"编者按"引发的事态看，横扫"师道尊严"，破坏校园秩序。北京市中学生一度又起来造反，一夜之间，学校玻璃窗几乎被砸得精光。内蒙生产建设兵团某团政治处三位同志，因写信批评黄帅的"反潮流"言行，被打成"反革命",遣送艰苦地方劳动改造。但是,他不敢跟孩子直言,怕实话传出去了,孩子没事儿,自己被指为"黑后台"。便推说自己在休假,听说年级在辩论黄帅的"日记摘抄",有争论。

"我看黄帅也比那马振扶中学跳河的强。"小萍表示了自己的观点。

"那你愿当黄帅?"姥姥故意逗小萍。

"我当黄帅干啥?她觉得她们老师不好,她愿意反对,反她的去!我们老师挺好的,我不当她那样'头上长角'的人。"小萍有些愤愤不平地回答。

姥姥知道小萍生气不光是因为黄帅。早上,妈妈在家时,小萍坐在窗前背唐诗,是李白的"早发白帝城",她把"两岸猿声啼不住"中的"猿"字,误读作"猴"字。她妈听了过来纠正时,带着责问的语气。这种近乎挑剔的口气惹恼了小萍。

小萍因插班入学,买不到课本,只好抄同学的。她眼不好,难免有抄错的地方。这不,把"猿"字误抄成"猴"字了。小萍曾跟姥姥告状,妈妈看着自己视力不好,不光不想办法帮自己治,还嫌自己字写得不好。瞧不起人,我偏要写给她看看   !
姥姥比妈妈细心,更了解小萍的心理,但她又不能让她们娘俩呕气,就接着小萍的话,转向女儿:

"小萍刚又跟同学借了书,要把整本课文抄下来,明天就要还给人家。下午回来她就坐着抄,到吃饭也没抄完。等吃完饭,你也帮她抄一会儿。"

饭后，妈妈果然帮孩子抄了一会儿书。正如姥姥祈盼的，母女的距离拉近了。

从当时的时代特征来说，表面上"反潮流"、"读书无用论"波涛汹涌，暗地里，无数奶奶、爷爷、姥姥、姥爷、爸爸、妈妈却在有意无意地约束、栽培孩子们，或用自己的行动言传身教，影响着他们的孩子，努力学习，去掌握有用的知识。就像一条奔腾不息的大河，你不能光看水面的滚滚波涛，那深深的潜流，才是大河奔腾不息的力之所在。

八

小尹在处理同学李红自杀事件中，替校长兼党委书记解脱了困境，给校工宣队长增添了光彩，也为工农兵学员在学校里的作用显示了力量，他的声望可以说是"誉满校园"。

俗话说："人怕出名猪怕壮。"小尹原本故有的"造反派脾气"，在一片赞扬声中，恶性膨胀，扬言砸烂资产阶级教育制度，带领本年级同学横扫课堂教学，坚决走"以社会为课堂"的道路。

"以阶级斗争为主课"的观念控制了小尹的头脑，他不顾党支部书记张材的劝解，直接取得校工宣队长的支持，带着这把"上方宝剑"领同学下工厂，跟厂里"造反派"一起搞"批儒评法"，写出一本"新编历史故事"来，然后，交省文艺出版社出版。

在编写这本书过程中，他们任意编造历史，鹦鹉学舌，用"四人帮"的话说："中国古代史是一部儒法斗争的历史。"将"四人帮"封的法家人物秦始皇等，捧上了天；把他们眼中的儒家人物，打入了"十八层地狱"。

史书上颂扬的荆轲，是"燕赵慷慨悲歌之士"的代表，他刺杀秦始皇，在一定意义上说，表现了人民反暴君的愿望。但是，他们在写作时，硬说荆轲是儒家，将史书记载的"荆轲刺秦王"，硬改成"秦王斩荆轲"；将颂荆轲的壮行辞："风萧萧兮易水寒，壮士一去兮不复还"，竟改写成："日烤地兮臭水暖，侏儒一去兮就'玩儿完'"。显然，他们的意愿是糟蹋荆轲而捧秦始皇，现实的政治目的是效忠最高权威。

书出版后，自然小尹身价大增，他说的话不容人反对，特别是在本年级里，成了一手遮天的人物。

小尹有个哥哥在北京一个大批判写作班子里，他把从哥哥那里得到的政治信息，常提供给校工宣队。像"中央文革"要大造"反潮流"舆论；"人民日报"要发表"黄帅日记"；"中央文革"要发布马振扶中学一学生跳河自杀的消息等信息，都是他最先告诉工宣队长的，自然拉近了跟工宣队的关系。加以他执行国务院科教组"大学要以阶级斗争为主课"的指示最坚决，很得校工宣队长的青睐，成了队长身边不可缺少的智囊人物。

小尹上到三年级，学校党的核心领导小组，要求各系要在高年级工农兵学员中发展党员时，队长指示张材，一定要吸收小尹进入党内，这引发了张材的烦恼。

　　他了解小尹来校前的经历。小尹原是"以工带干"的刑警，正当他在县公安局工作了一年，有望去掉"工"字，换上"干"字时，"文化大革命"就开始了。这个年轻人，好像得到"好风凭藉力，送我上青云"的东风，率先在局里成立了"八一战团"，当上了造反头头，誓言"砸烂工检法"。随后，揪斗了局里的各级领导。

　　"杀上社会"以后，"八一战团"得到驻军支持，势力越来越大，跟市里"造反派"联合成立了"工总司"，他被推选为二号头头。参加并领导了"工总司"与对立面的武斗。他在与同学相处闲聊时，并不讳言自己当年作为"尹司令"的八面威风。

　　张材从本性上就跟这种人格格不入。在"文化大革命"中挨整的事实教训了他：像小尹这种造反起家，善于整人的人物，"头上长角，身上长刺"，心狠手辣，能量极大，如果混入党内，将来掌握了一定权力，其危害也将远比留在党外要大。但是，这种看法是绝对不能亮出来，一说出来定带给自己祸端。幸好，跟张师傅谈起小尹入党的事，他也带有类似看法。

　　张师傅早就恨小尹不把他看在眼里了！系里的问题，由系里解决，解决不了的，再找校里帮助，这是他处理事务的原则。但是，小尹动不动就把系里事、甚至自己的事，往队长那里"捅"，弄得自己和系里都很被动。他简直成了自己头上的"太上皇"！自然，他也不赞同小尹入党。

　　队长多次敦促，张材以小尹"傲气逼人，严重脱离群众"作盾牌，一再推迟。队长火了，甚至言词激烈地教育张材：

"判断一个人是否先进，首先要看这个人是否有高度的阶级斗争和路线斗争觉悟。小尹这方面的表现，是受到工宣队和工农兵学员高度赞扬的。你说他傲气，青年人、特别像小尹这样干出大成绩的青年人，有些傲气是很正常的，难道你喜欢毛主席批判的'贾桂作风'？同志，别忘记了大学里阶级斗争是主课啊！"

张材明白，话说到这份儿上，烦恼没有用，弄不好成了对抗组织，对抗工宣队长，所以非采取措施不行了。

不得已，张材只好布置各党小组开会，提出入党积极分子名单。名单报上来了，三个党小组中有两个党小组的提名是小尹，另一个党小组提了别的学员。支委会汇总讨论时，按无记名投票方式统计，对小尹，五个支委中三人赞成，一人反对，一人弃权。事情发展至此，不得不把他列为入党积极分子。

为保证小尹顺利通过，工宣队长深入到学员中，指定一名对小尹有意，本身有"出众才华"的女学员，和张材共同担任介绍人。张材婉拒了当介绍人的角色，却逃不过担当主持人的命运。在讨论小尹等三名学员入党的支部大会上，到会的党外积极分子尖锐地指出了小尹狂妄自大，搞派性；党员也有人指出小尹跟校工宣队关系"不太正常"，在中文系起到了连系领导都起不到的作用；个别党员甚至指斥小尹是凌驾于系领导之上的"太上皇"。反对归反对，但党员中属小尹这派的占多数，当然照样通过。通过后，张材深感自己不过是个提线木偶，仍要装出"欢迎"的样子，以主持人的身份说些鼓励的话。

转眼，这个班级面临毕业分配了。毕业分配，是他们一生生活中重要的中转站。通过这个中转站，有的要从封闭的农村，来到发展机会较多的城市；多数回到原地区，但职务将有较大变动。正因毕业分配与毕业生的实际利益紧密相连，而且又是在派性严重的年级搞分配，工作是很难做的。

为了做好这项工作，各系都先成立了临时性的毕业分配领导小组。由系革命委员会领导，教育革命组长，工宣队员，年级支部书记，教师代表等五人共同组成。当然要确定一名组长担任主要负责人。在中文系毕业分配临时领导小组的第一次工作会议上，系教育革命领导小组长老付首先提出，让新近分配到系任革委会任副主任的老赖担任组长。老赖推托说：

"我新来乍到，两眼一抹黑，怕不合适吧？"

老付说：

"正因为你新来乍到，跟哪派都没瓜葛，容易得到群众的信任。我当组长，怕不太合适吧？"接着老付又商量式地转向了工宣队员：

"张师傅，你说呢？"

张对老付表示支持地点了点头。他觉得：老付是教育革命领导小组组长，不便甩开他，但他是自己的"老对手"了，当毕业分配的头，可能会搅乱分配工作。换个新面孔，而且是系"革委会"副主任，未尝不是好事。反正分配方案，是大家集体研究决定的。组长就定下了老赖。

其实，分配方案说简单也很简单。从毕业生中挑三名到北京市：一名去少年儿童出版社，一名去青年出版社，一名去文化部。留校两名，作教师。其他的，基本上各回各地区后，由地区再进行二次分配。北京市的三个名额，争论不大。班上正有两名在省内有点名气的业余作者，一名有点名气的业余歌手。他(她)们三人的业务专长，是没人可与争锋的，张材提出这三人分配北京，领导小组一致同意，但有一点碰巧了，那便是这三人入学前都是持"军区派"观点的。

在讨论留谁作青年教师时发生了争议。张师傅不得不转达工宣队长的意见："留下小尹。"　人们问张材的态度。

张材说：

"若论能力，小尹是把手；若论搞教学，小尹怕不合适。他在各门考试中有两门不及格，还需要分配半年以后返校补考。"

对张材的意见，张师傅和教师代表都赞同，两名干部却有些犹豫。他们究竟在"官场"上混的时间比较长，听张材的话觉得有道理，但对工宣队长留下的话，也不好违逆。

久议不决是不行的，次日就要宣布分配方案了，于是组长提议举手表决。对小尹留校问题的表决结果是：三票反对，两票弃权，否定了小尹留校。接着，又碰巧了，通过了两名倾向"军区派"观点的学员留校。

　　第二天，在毕业分配动员大会上，领导小组组长老赖宣布分配方案。宣布到谁去北京及留校人员时，小尹当场站起来，冲台上的老赖喊道：

　　"我们反对派性分配方案！"

　　随着他的喊声，忽啦啦站起了二十来个学生，振臂高呼：

　　"反对派性分配方案！"

　　接着，他们冲到台前，包围并质问老赖：

　　"为什么去北京的，留校的都是一派学员？"

　　老赖本是在中央部属单位工作的干部，"文化大革命"中七折八转到了干校。鉴于自身的健康状况，他已不在意是否回中央部属单位工作，随和地到了H大学。现在已不是"文化大革命"前期，不是红卫兵小将大喊打倒"走资派"的时期，革命干部已经重新站起来了，所以他对学员包围并质问自己，缺乏思想准备。他只好实话实说：

　　"我新来乍到，连你们谁属哪一派也弄不清。这都是分配领导小组的集体决定。"说着把目光转向了老付。

　　推举老赖为领导小组组长的老付，立即接过话头说：

　　"张材老师直接抓你们班，方案是由他首先提出的。"便把矛头引向了张材。

　　小尹冲向了站在台左的张材，并且爆出了憋得他心口发闷的一句话：

　　"为什么留校的没有我？"

　　没想到这句话，使小尹的追随者减少了许多，也就五、六名学生依然跟随他围住张材。

张材并不太感意外地回答：

"分配方案规定留校学生是作教师，你不适宜作教师。"

小尹气不打一处来地喊道：

"你这是搞阴谋！工宣队长亲口对我讲要我留校，并没讲非当教师不可。你这是拿教师指标卡人。"

喊声虽然响亮，可惜攻击力有如强弩之末，没有多大杀伤力了。

老付见势插话说：

"嚷什么呢？有话慢慢讲嘛！本来谁留校，大家意见并不一致。如果同学们对分配方案有意见，领导小组可以再讨论嘛！定了的事，也不是不能变嘛。"

老付这些话，等于推翻了领导小组的集体决定。老赖到此时也才明白了，他为什么一开始就推举自己当组长。张材更感到，老付这一揽合，看怎么收拾这付烂摊子吧！

好在分配有时间限制，没意见的同学纷纷办手续，去新单位或地区报到了。

遗留问题是在工宣队长亲自参加下，再次召开领导小组会议解决。工宣队长初掌大权，对违抗自己命令的原领导小组会议决定，很是恼火。对小尹留校问题，他颇有气势地宣布：

"你们不是不留吗？你们不留，我留！"商议结果，小尹按干部指标，留校人事处。另争取一名分到北京的指标，安排一名"驻军派"观点的学员前往，这样算"一碗水端平"了。

会议结束后，老付不无得意的向张材笑笑：

　　"别那么认真，老弟。难道个人看法比队长还高明？胳膊是拧不过大腿的。"

　　张材心里暗骂付的阴险、狡猾：明明他是系内"军区派"的头头，又是掌管系教育革命的一把手，可分配工作一开始，就把个组长推给了别人。等到"驻军派"学生闹事，他又公开否定集体决议，请来工宣队长增添名额，既在队长面前卖好，也讨好了"驻军派"学生。看队长在会上生气的样子，准是他对上次领导小组会上，有关小尹留校问题的讨论情况，加油添醋地进行了汇报。他可真是又唱红脸，又唱白脸，一石三鸟，左右逢源啊。自己想作一个"永不生锈的螺丝钉"，按组织原则办事，招人怨不说，反让他当面讥笑。心中虽然愤愤，可又对老付的洋洋自得无可奈何。

　　不久，系里张师傅因老跟队长不合作，队长便以"厂里生产需要"为名，调回厂里去了。

　　在个人"补天"无力，无所作为，支持自己的力量日被削弱的情态下，我们的"螺丝钉"变得消沉起来。他不愿多过问年级的事了。见左右邻里上班忙家务，由开始厌弃到有点羡慕。他也试着找了些砖头，为家庭盖鸡窝，没想到居然很快盖好了。

　　看着刚盖好的鸡窝，张材似乎感受了一丝喜悦，也似乎感到，自己只有在这种具体劳动中，才能显示出一点力量。像一个孩子找到了一种发泄精力的游戏一样，他满心充满孩子般的欢乐，一切的烦恼都抛到九霄云外去了！

尾　声

粉碎"四人帮"后，国家教育部经"拨乱反正"，基本上恢复了原遭破坏了的教育体制。高等院校恢复了党委领导下的校长负责制，恢复了教务处、科研处等业务机构。相应的，各系恢复了党总支委员会领导下的系主任负责制，恢复了各科教研室。我们的"螺丝钉"张材，卸去了党支部书记职务，还搞老本行当教员。

教育部还于1977年10月，召开了全国高校招生工作会议，决定恢复高考。招生对象包括应届高中毕业生。那时，张材那倔脾气的女儿小萍，也上高中了。

当年曾目睹小姑娘跟书记斗嘴的一位邻居，很欣赏小姑娘的语言表达能力。极力劝导小姑娘准备考外语系。并且表态可以辅导她。

小萍原来数学成绩好，上高中后住进学校，学习更专心了。认清了自己的特长，更明确了主攻方向。 家里有了电视机以后，她从不放过学电视英语的机会。看到她进步快，家里又设法为她买了收录机，她更是争分夺秒，连洗澡、洗衣的功夫都利用来练习听力。皇天不负苦心人，到高中二年级时，她已能听懂原文版英文电影了。

赶到她参加高考时，考生犹如"千军万马过独木桥"，录取比例不到百分之五，其中本科所占比例就更小了。所以，人们都没有对她的高考成绩抱太大指望。考试前她对妈妈说：

"如果我没考上，你帮我找个当英文家教的工作。"她知道家庭经济状况不太好，也做好了考不上的准备。

没成想考试成绩统计出来，她竟成了本地区的文科状元。

姥姥给亲朋写信说：

"多谢老天保佑，我们小萍考中了。她从小比别的孩子吃过更多的苦，学习上也肯下功夫，现在又赶上恢复了高考，她总算找到一条出路了。"

张材妻子经本系老教师指点，知道了"通过一本书，去了解一个时代"的读书方法，就极力熟习"春秋左氏传"。春秋时代总共才二百五十二年，但其间"弑君三十六，亡国七十二"，大国争霸，小国图存，斗争非常激烈。这本书中以相当多的篇幅写了小国郑国的执政子产。郑处于晋、楚两大国之间，处境当然险恶。但执政子产却能从容应对，为他的国家竭尽心智。而且巧啦，批林批孔中，就有人把这位郑子产也给批了一通。这引起她的关注。工作的需要，读书的乐趣，把她带到"驰骋六合，神交万古"的奇妙世界。结合现实斗争，写出了"论子产"一文，对历史与现实政治的关系，开始有所理解。从此，连续发表关于"左传的人民性"、译注"论衡"等。开始迈进社会科学的殿堂。

国家政治形势出现的变化，妻女做出的成绩，自己的业务归队，横扫了张材的烦恼，带给他了喜悦，也激发了他的进取精神。他停止了"垒鸡窝"的荒唐举动，劲头用在了教学和科研上。这颗"螺丝钉"，抹去了污垢，重又安装到改革开放的新"机器"上，发挥它应有的作用了。